SHODENSHA
SHINSHO

ニッポンを蝕《むしば》む全体主義

適菜 収

祥伝社新書

はじめに——全体主義は近代人がかかる病

全体主義（totalitarianism）は個人より全体を優先させるという考え方です。

これは近代特有の病《やまい》です。

「じゃあ、前近代に全体主義はなかったのか?」と聞かれたら、「なかった」と答えるしかありません。

全体主義は専制（恐怖に基づく恣意的な権力の行使）や単なる暴政とも違います。

サルがかかる病気を治すためには、サルについて知る必要があります。それと同じで、近代特有の病について考えるためには、近代人について知る必要があります。

そこを理解できれば、今の日本で発生している現象も根底の部分でつながっていることがはっきりすると思います。

なお、全体主義は決まった形で表れるわけではありません。それぞれの国の歴史、社会構造によって症状はさまざまです。イタリアのファシズム、ドイツのナチズム、ソ連のスターリニズムといったものも全体主義の症例のひとつですが、それぞれ内容は異なります。だから、ひと括《くく》りにして論じるのは乱暴です。

これは風邪に似ています。風邪の症状は人によって違います。咳《せき》が出るのか、熱が出るのか、頭が痛いのか、下痢をするのか……。それにより、対応も変わってきます。だから、わが国で発生した病について考えるときは、日本人の「体質」について論じる必要があるのです。

本書は過去の症例（たとえばベニート・ムッソリーニやアドルフ・ヒトラー、ヨシフ・スターリンの行動）、あるいは全体主義という概念の歴史を紹介するものではありません。そういう本は山ほど出版されているので、そちらを読んでください。

本書で扱うのは、全体主義が発生する経緯（構造）と、それを醸成する大衆のメンタリティについてです。要するに「体質」の部分です。

ムッソリーニは運動の目標として「全体主義国家」という概念を掲《かか》げました。

ファシズムは束《たば》ねるということです。ファッショ（fascio）は「束」を意味します。ファシストは、国民の団結、結束を重視し、国家と個人の一体化を目指します。ナチズム（国民社会主義）もファシズム同様、神話を利用し、カリスマ的指導者によるプロパガンダと暴力により運動を拡大しましたが、超国民的志向を持つナチスはファシズムの国家観とは異なります。

スターリニズムとも違います。スターリンの目的は強制移住や奴隷化により、合理的に近代化を進め、強大な社会主義国をつくることにありました。そういう意味においては、近代啓蒙《けいもう》主義の延長にありましたが、逆にナチスは啓蒙を破壊し、人類の生物学的再編というオカルトに突き進みました。

つまり、代表的な「症例」とされるものでも、ここまで違う。

だから、共通する「体質」、根本の部分を理解する必要があります。

たとえばわが国では、橋下徹《はしもととおる》が創始した維新の会は「ファシズム」になぞらえ「ハシズム」と揶揄《やゆ》されました。しかし、維新がやっていることは、国民を束にするどころか、分断です。

二〇二二年二月二四日、ロシアがウクライナに侵攻すると、「ウラジーミル・プーチンはスターリンの再来だ」といった声が大きくなりましたが、むしろ目立ったのは国家統制の欠如です。

ステレオタイプの「全体主義観」にしがみついて現状を批判するだけでは、病の進行を抑えるどころか、逆にこじらせ重症化させる恐れもあります。実際、いろいろこじらせた人たちが社会の一線で大きな口を叩いているのが現在です。

なぜ、こんなことになってしまったのか？

順を追って考えるしかありません。

そこで、第一章では全体主義の土壌、つまり近代について、イギリスの政治哲学者マイケル・オークショットの議論を中心に考えます。

第二章では近代において発生したメンタリティについて、ドイツの社会心理学者エーリヒ・フロムとイギリスの哲学者アーネスト・ゲルナー、アメリカの政治学者ベネディクト・アンダーソンの議論を取り上げます。

第三章では日本で近代が暴走した原因について、小説家の夏目《なつめ》漱石《そうせき》の議論を振り返ります。
第四章では、アレクシ・ド・トクヴィルが予言した「新しい形の専制」について、第五章と第六章では、現在のわが国の病状について具体的に述べていきます。

二〇二二年四月

適菜 収

目次——ニッポンを蝕《むしば》む全体主義

第二章 支配されたい人たち

第三章　夏目漱石が見抜いた日本の行く末

第四章　アレクシ・ド・トクヴィルの予言

第五章　維新の会はナチスの再来か？

第六章　安倍晋三は財界の下請けだった

特別協力：中野剛志
本文ＤＴＰ：アルファヴィル・デザイン
写真提供：アフロ、読売新聞／アフロ、ロイター／アフロ、代表撮影／ロイター／アフロ

第一章

大衆が「指導者」を生み出す

大衆とは何か？

近代において発生したのが大衆です。

そして大衆の存在なしには、全体主義は成立しません。

「はじめに」で述べたように、全体主義は前近代的な「専制」とは異なります。

権力を持つ者が上から下に権力を行使するのが「専制」だとしたら、全体主義は平等社会において成立します。

まず、大衆の定義をしておきます。

これは「大衆居酒屋」のような「安い」とか「貧乏」といったイメージとはまったく関係ありません。スペインの哲学者ホセ・オルテガ・イ・ガセットが『大衆の反逆』で端的に定義したように、知識人を含め、あらゆる種類の人間に表れる性質のことです。

大衆とは、善い意味でも悪い意味でも、自分自身に特殊な価値を認めようとはせず、自分は「すべての人」と同じであると感じ、そのことに苦痛を覚えるどころか、他の人々と同一であると感ずることに喜びを見出しているすべての人のことである。

人間を最も根本的に分類すれば、次の二つのタイプに分けることができる。第一は、自らに多くを求め、進んで困難と義務を負わんとする人々であり、第二は、自分に対してなんらの特別な要求を持たない人々、生きるということが自分の既存の姿の瞬間的連続以外のなにものでもなく、したがって自己完成への努力をしない

ホセ・オルテガ・イ・ガセット（一八八三～一九五五）
スペインの哲学者・思想家。生の理性を重視する人間論を展開。著書に『大衆の反逆』『ドン・キホーテをめぐる思索』『現代の課題』など。

――人々、つまり風のまにまに漂う浮標のような人々である。

したがって、社会を大衆と優れた少数者に分けるのは、社会階級による分類ではなく、人間の種類による分類なのであり、上層階級と下層階級という階級的序列とは一致しえないのである。――

要するに、隣の人と自分の価値観が似ていることに安心するような人です。確固とした自分というものがなく、世間体ばかり気にしているような人です。後述するように、このような人間のメンタリティは近代において発生しました。そしてこの大衆が全体主義を生み出します。

だからこそ、多くの哲学者や思想家は大衆を論じたのです。

オルテガの「大衆」、デンマークの哲学者セーレン・キルケゴールの「公衆」、プロイセン王国出身の哲学者フリードリヒ・ヴィルヘルム・ニーチェの「畜群《ちくぐん》」「末人《まつじん》」、ドイツの哲学者マルティン・ハイデッガーの「世人《ダスマン》」、フランスの心理学者ギュスターヴ・ル・ボンの「群衆」、オークショットの「できそこないの個人」「反‐個人」、ドイツ出身の哲学者ハンナ・アレントの「根無し草」……。それぞれ用語は違いますが、示しているものはほぼ同じです。

近代はいつ発生したのか？

もうひとつ、近代の定義をしておく必要があります。

「代表民主主義における大衆」（『政治における合理主義』所収、以下同）の冒頭でオーク

マイケル・オークショット（一九〇一～一九九〇）
イギリスの政治哲学者。ロンドン・スクール・オブ・エコノミクス・アンド・ポリティカル・サイエンスの政治学教授。「実践知」の意義を強調し、合理主義による急激な改革を批判。著書に『リヴァイアサン序説』など。

ショットは次のように述べます。

それは（ある人々が信じさせようとしているように）フランス革命や一八世紀後半の産業革命とともに始まるのではない。それが始まったのは、文字で読み取れないいために歴史家たちがある時代の終わりとも始まりとも決められない当惑させる時期、すなわち一四世紀から一五世紀である。そしてそれは、「大衆人」の発生とともに始まるのではなく、それとは大変違ったものの発生、すなわち近代的イディオムにおける個人の発生とともに始まる。

近代の発生をフランス革命（一七八九～九五年）や産業革命（一八世紀半ば～一九世紀）に見出す議論はよくあります。大航海時代（一五世紀半ば～一七世紀半ば）に見出す議論もありますが、一四世紀だったらもっと前ということになります。

その変化は、主義主張、イデオロギーに基づくものではなく、紆余曲折《うよきょくせつ》を経て、近代を準備するような事象が発生していったとオークショットは指摘します。

この変化が始まった時期と速度はヨーロッパの中でも場所によって違う。それが浸透した早さも深さも、人間活動の種類によって違う。それは女性よりも先に男性に影響を与えた。そしてこの七世紀間、数多くの地域的なクライマックスとそれに対する揺り戻しがあった。それでも共同体生活からの解放の新しい機会を享受することは、人間の性質に関する新しいイディオムを次第に生み出した。

言葉の力は恐ろしいものです。口に出した瞬間に実体を持ち、次の言葉を生み出してしまう。そして徐々にそれが進行していく。

それはまずイタリアで発生したとオークショットは言います。

自己決定によって行動を律し、個人的選択による活動を行なう人々が現れたのです。

自らの状況を支配して、独立して、自らの法となる人です。

これが「個人」です。

「個人」という概念が世界史を変えた

こうした変化はヨーロッパの都市部で拡大します。

一六世紀中葉になるとその条件は単純な抑圧を受けないほど確立された。ジュネーヴのカルヴァン主義体制がいかに厳格でも、それは独立の個人として考え行動したいという衝動を消すことができなかった。行動と信念における高度の独立性は人間に独自の状態であり人間の「幸福」の主たる要素である、という考え方が近代ヨーロッパの性格の顕著な傾向になった。

こうした傾向は、複雑でデコボコな形で拡大していきましたが、やがて倫理学や形而上学に取り込まれ、さらにそれが政治理解、政治作法、政治制度を変え、芸術、宗教、産業、通商とあらゆる種類の人間関係の中に住みつくことになったとオークショットは言います。

「個人」という概念は、世界史および人類の運命を変えたのです。

個人性の観念の開拓に熱心だった人々が最初に要求したのは、「統治」に関することでした。彼らにとっては、政府は単一で至上のものでなければなりませんでした。なぜなら、すべての権威をひとつに集中させてこそ、自分の個性の享受を妨《さまた》げる家族やギルドや教会や地域共同体の圧力から逃れることができたからです。

つまり、前近代的な束縛からの解放です。

そしてそれは、古い権利を廃止し、新しい権利をつくり出す権威を備えていなければなりませんでした。要するに彼らは、自分たちの新たな利益を強力に承認する権限を持つ機関を必要としたのです。

そこで誕生したのが立法府です。

彼らが法を「つくる」仕事に参画することで、個人性にとって都合のよい法がつくられるようになります。

こうして当時の「臣民」は、選択する権利を持つようになります。

政府の干渉を避け、移動の自由、行動の自由、言論の自由、信教の自由、結社と脱退の自由、遺贈と相続の自由、人身と所有の安全、職業選択の自由、自分の労働と財産を処分する自由、そして、すべての臣民《ひと》に等しく適用される「法の支配」を手に入れます。それは封建的特権の廃止を意味していました。

こうして、政府の任務は、「個人の利益に都合のよい制度の維持」だと理解されるようになったとオークショットは指摘します。

「できそこないの個人」

個人という性向の誕生は、穏やかな変化も生み出しました。それは芸術、文学、哲学、商工、政治にも表れます。

しかし、こうした社会の変化を苦に思う人もいました。

彼らにとって変化は負担でした。

自分で考えて選択しなければならないからです。かつての共同体では身分も仕事も固定されていました。つまり、選択の必要から解放されていた。それはある種の「温かさ」でもありました。

要するに、個人性の開拓者が幸福と認めたものは、別の人々にとっては不幸だったのです。オークショットは後者を「できそこないの個人」と呼びました。

彼は自分の窮状を認めてくれる保護者を求めて、それをある程度まで「政府」の中に見いだした。つとに一六世紀からヨーロッパの諸政府は、個人性の要求だけでなく「できそこないの個人」のニーズにも応えて変わっていった。宗教改革時代の「神のような君主」とその直系の子孫である一八世紀の「啓蒙専制君主」は、自分自身で選択を行おうとしない人々のために選択を行うための政治的発明だった。エリザベス朝の労働者法Statute of Labourersは、レースに取り残された人々の面倒を見るために設計されたのである。

非常に鮮やかな分析です。

近代は「個人」を生み出すのと同時に、「できそこないの個人」の性格も生み出しました。要するに大衆です。

彼らは自由の重圧に耐えることができないので「保護者」を求めます。

なぜ大衆は世界を変えることができたのか?

こうした個人性への熱望は、かつての共同体秩序にふさわしい道徳を流し去ってしまいました。時代の変化についていくことができなかった人々は、不安に支配されるようになります。過去に戻りたくても、故郷(前近代社会)はすでに存在しません。

彼らは混乱し、自己不信に陥ります。ある人は諦めましたが、別の人々は妬《ねた》みとそねみと怒りを膨らませていきます。

オークショットは言います。


そしてこれらの感情の中に新たな性向が生まれた。苦境を全人類に押しつけることによって苦境から逃れようとする衝動である。自分の欲求が実現されなかった

「できそこないの個人」から、戦闘的な「反‐個人」が生じた。彼は個人の廃位と個人の道徳的威光の破壊とによって、世界を自分自身の性格に同化しようとする傾向がある。

（中略）

彼を動かすものは、個人ではないという不安からの完全な逃避の機会、彼を不完全な者だとして断罪する世界すべてから逃れる機会だけである。彼は自分の置かれた状況ゆえに、個人性の道徳的圧力から隔離された分離主義の共同体の中に救いを求めた。しかし彼が求めた機会が十分に現われたのは、彼が孤立しているどころかその反対に、自分は近代ヨーロッパ社会の中で最大多数の階級、すなわち自分自身では何も選択をしない人々の階級に属するのだということを認めたときだった。

これが大衆社会です。

彼らは単に逃避するだけではありませんでした。世界を都合よく解釈し、実際に変えていったのです。

なぜ「できそこない」の人間にそんなことができたのか？
大衆が増えたときに、政治がそのニーズに応えたからです。

定期的にリーダー待望論が登場する理由

オークショットは言います。

（大衆は）その性向——他の人々の中に自分のレプリカしか認めようとせず、万人に画一的な信念と行動を押しつけて、選択の苦痛の余地も喜びの余地も残そうとしない性向——によって特定されるのであって、その人数によって特定されるのではないが、自分のような種類の人々からの支持によって、この性向を固めるからである。

先述したように、多くの哲学者や思想家が同様の指摘をしています。

近代ヨーロッパに現われた「大衆」は諸個人から成立しているのではない。それは個人性への反発において結びついた「反 - 個人」から成っている。

(中略)

この「反 - 個人」は思考よりも感覚を、意見よりも衝動を、情熱よりも無能力を持ち、自分の力をおぼろげにしか意識していなかった。従って彼は「指導者(リーダー)」を要求した。実際、「リーダーシップ」という近代の概念は「反 - 個人」に伴うものであって、後者なしには理解できないだろう。諸個人の集団は統治者 ruler を必要とするが、「指導者」の余地はない。「反 - 個人」は何を考えるかを教えてもらう必要があった。彼の衝動は願望に、そしてその願望はプロジェクトに変形されねばならなかった。

大衆のメンタリティは、政治そのものを変えました。

わが国においても定期的にリーダー待望論のようなものが出てきます。

大衆は強いリーダーに喝采《かっさい》を送ります。

改革の大ナタをふるい、夢やビジョンを語る政治家が人気です。

私がＳＮＳ（Social Networking Service）などでこの手の政治家を批判すると、「だったら誰を信じればいいのか」と反発する人がいます。彼らにとっては、政党や政治家は信仰の対象なのです。

議会政府と人民政府の違い

それでは大衆はどのように世の中を変えていったのでしょうか？

まずは道徳が改変されたとオークショットは指摘します。

「反‐個人」の道徳とは、「自由」と「自己決定」の道徳ではなく、「平等」と「連帯」の道徳です。要するに、大衆向けの「道徳」がでっちあげられたのです。

「反‐個人主義」を擁護する人たちは、統治（政府）とは、自分たちができない選択を自分のためにさせることだと理解しました。

こうして、政府には共通の目的を持った人々が主体的に参加する「アソシエーション」ではなく、「コミュニティ」の「公共善」の建築家かつ保護者の役割を与えられます。統治者は、諸個人の衝突を裁くレフリーではなく、「コミュニティ」の道徳的指導者かつ管理運営者とみなされたのです。

個人性への熱望が生み出した統治の様式を「議会政府」と呼ぶならば、大衆によるその変形は「人民政府」と呼ぶことができるとオークショットは言います。

一九世紀初頭には個人の新しい諸権利は、イギリスでも他のところでも大体確立していました。大衆はそれを見て、自分たちの境遇のためにそれらの権力の保持を妨げられていると信じるようになります。

しかし、それは幻想でした。大衆もそれらの権利を持っていたのであり、それにもかかわらず、彼らは否定、拒絶したのです。

――要するに、「大衆人」が要求した権利、彼の性質にふさわしい権利とは、彼を「自己決定」の負担から解放してくれる社会的護民官政府の下に生きる権利だったのである。
（中略）
従って彼は、それを彼に与えてくれる傾向がある政府、すべての活動に「公共善」と呼ばれる活動の実体的パターンを押しつけるために必要な権力を与えられた政府を求めた。「人民政府」とはまさにこの目的達成のために設計された、「議会政府」の変形物である。

大衆は自発的に選択する権利を政府に委《ゆだ》ねるようになりました。自立を拒否し、すべてを温かく包み込んでくれる政府を求めるようになったのです。これがオークショットの言う「社会的護民官政府」です。大衆が呪ったのは「自発性」でした。オークショットは、『荘子』の一節を論文「保守的であるということ」の注で紹介します。

文王が視察旅行で臧という地にいる時、ある老人が釣りをしているのを見かけた。ところが、彼の釣りは本当の釣りではなかった。というのは、彼は魚を獲るために釣りをしていたのではなく、ただ楽しむためにそうしていたからである。そこで文王は、彼を登用して統治を行わせたいと考えた。

釣りという行為は、自発的であり、それ自体に目的が含まれます。だから、「釣り人は夕方手ぶらで家に帰っていく時でも、魚の獲れた場合と比べて少しも不満足ではないこともある」。

先述したアレントはチェスを例に出します。

全体的支配はその目的を実際に達しようとするならば、「チェスのためにチェスをすることにももはや全く中立性を認めない」ところまで行かねばならず、これと全く同じに芸術のための芸術に終止符を打つことが絶対に必要である。全体主義の支配者にとっては、チェスも芸術もともに全く同じ水準の活動である。双方の場合とも人間は一つの事柄に没入しきっており、まさにそれ故に完全には支配し得ない状態にある。

（中略）

全体的支配の観点から見れば、例えばチェスのためのチェスにのみ関心を持つような道楽者の社会は、土地の耕作以外に関心のない農民に比べて危険と障碍の程度がごく僅かに少いというだけで、基本的な差はない。耕作のために耕作すること——これこそ全体主義的独裁の許し得ないところなのだ。（『全体主義の起原』、以下同）

全体主義はあらゆる自発的なものの芽を摘みます。

ハンナ・アレント（一九〇六～一九七五）
ドイツ出身の政治思想家。ナチスによるユダヤ系民族への迫害から逃れるために渡米。一九六三年に「ザ・ニューヨーカー」誌で『イエルサレムのアイヒマン—悪の陳腐さについての報告』を発表。著書に『全体主義の起原』『過去と未来の間』『人間の条件』など。

衝動の動物が大衆政党を生み出した

こうして議会政府は、大衆の熱望にふさわしい形に変形されていきました。

成人普通選挙権もそうです。大衆の力はその数にあります。その力は「票」によって政治に影響を与えます。また、議会の代表者の性質が変化します。代表者は、大衆が要求する状態を実現する受任者（mandataire）でなければならない。「議会」は討論のための会議ではなく、「ワークショップ」でなければならない。端的に言えば、議会主義の破壊（単純な人数による権威の肯定）、政府の権力の増大です。

大衆社会は、政治の質、為政者の質そのものを変えていきました。

そして、個人でなく「反-個人」からなる大衆政党が生じます。

本来、議会は議論をする資格と能力を持つ人間による議論の場でしたが、それが大衆の欲望を代弁する組織に変化していったのです。

オークショットは言います。

すでに見たように、「大衆人」は願望でなしに衝動の動物であって、その代理人が従うべき指令を起草することが全くできない。「人民政府」の性向が支配的になると、実際に起きたことは次の通りである。代表者たろうとする人は自分自身の指令を起草し、それからおなじみの腹話術のトリックを使って、それを自分の選挙人たちに言わせる。指示を受けた代理人として、彼は個人ではなく、「指導者」として、自分に従う人々のために彼らから選択の必要を除去する。そして同じように、人民投票は「大衆人」が自分の選択を指導者に押しつける手段ではない。それは「大衆人」に代わって選択する無制限の権威を持った政府を生みだす方法である。人民投票において、「大衆人」は個人性の負担からの最終的解放を達成した。

選択を拒否した大衆が、こうして巨大な人民政府を生み出します。

なお、代理人を名乗って「無制限の権威」を手に入れるのは、キリスト教などの宗教やフランス革命にも見出すことができる伝統的なトリックです。

安倍晋三は保守の対極の人物である

こうして政治の新しい技法が生まれました。

それは統治の技法(調整、調停)でもなければ、議会で多数派を維持する技法ですらありませんでした。それは、いかなることを提供すれば最大の票を集められるかを知り、どのようにそれを「人民」から来たかのように見せかけるかの技法であると、オークショットは指摘します。

これはまさに現在の日本で発生している現象です。

補足しておくと、オークショットは先述した「保守的であるということ」において、保守的性向を持つ人間は、政治を交通整理に徹するものと理解すると論じています。

これは政治の役割を軽んじているのではありません。逆です。社会に存在する多様な夢が暴走したり、衝突するのを制御するのが政治の重要な役割であると考えるからです。

オークショットは「統治は特殊で限定的な活動」であるとも言いました。

政治は合理的に正解を導き出せるようなものではありません。それは複雑な社会に対する実践的な活動として表れます。それはゲームの運行を管理し、プレイヤーにルールを守らせ、トラブルの調停にあたる役割です。

一方、人民政府の「指導者」は、私的な夢、個人的な理想を社会に押し付けます。わが国で七年八ヵ月も総理大臣をやっていた安倍晋三《あべしんぞう》という男は、著書『新しい国へ 美しい国へ 完全版』で、「わたしが政治家を志したのは、ほかでもない、わたしがこうありたいと願う国をつくるためにこの道を選んだのだ」と述べています。

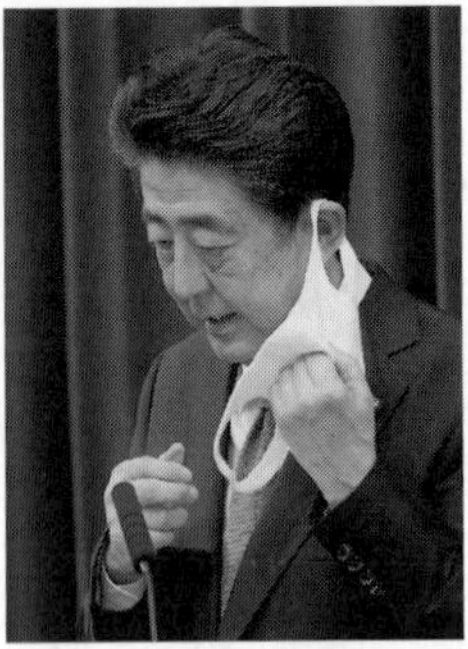

安倍晋三（一九五四〜）
日本の政治家。第九〇、九六〜九八代内閣総理大臣。成蹊大学卒業後、神戸製鋼所勤務を経て、一九九三年に衆議院議員初当選。総理大臣任期中の二〇二〇年八月、新型コロナによる混乱の最中に突然の辞職を発表。

オークショットが否定したのはこうした発想です。

オークショットは、政治は己の夢をかなえる手段ではないと言いました。「こうありたいと願う」ものを国民に押し付けるのが人治国家だとしたら、たとえ「正しいこと」でも早急に物事を進めないのが保守です。なぜなら、それを「正しい」と認めない人がいることを知っているし、そもそも自分の理性さえ「確信」していないからです。

保守主義は思想体系でもイデオロギーでもない

保守主義という言葉が出てきたので、これも簡単に定義しておきます。

なぜ私が先ほどから「定義、定義」と繰り返すかというと、世の中の無駄な議論の大半は、それぞれの論者の定義の違いに起因するからです。だから最初に前提を固めておかなければならない。一番上のボタンを掛け違えれば、すべて間違えます。

私は右翼も左翼も嫌いですし、思想的にも生理的にも相容《あいい》れないところが多いのですが、保守主義にはシンパシーを感じています。

保守主義とは「主義」とついているものの、正反対に「主義」を否定する態度のことです。だから、思想体系、イデオロギーではありません。

右翼とも復古主義とも関係ありません。保守が伝統を重視するのは過去を美化するためではなく、合理や理性では捉えきれないものが、そこに付随すると考えるからです。

ましてやわが国で保守を自称する頭の悪い人たちのように、排外主義や新自由主義、愛国カルトといったものとは一ミリも関係ありません。

保守は人間理性を疑います。人間は完全な存在ではなく、間違うことがあるからです。よって、「正義」を警戒します。「正義」は暴走するからです。

保守は近代の理想を批判しますが、単なる反啓蒙主義でもありません。

近代の不可逆的な構造と啓蒙が野蛮に転落するプロセスを理解した上で、その内部において思考停止を戒《いまし》めるのが基本的な保守の立場です。

人間理性を信仰しないので、権力の集中を批判するし、「正しい歴史」という発想を警戒します。

保守主義の本質は反権力であり、純粋な近代ヨーロッパ思想です。近代への反発なのですから、当たり前です。近代の病、すなわち全体主義と闘うのが保守主義です。

大衆は本当に社会の主導権を握ったのか？

オークショットは言います。

彼（大衆）の特徴は、あまりに個人性が乏しいため、個人性の強い経験に出会うと「反‐個人性」の方向に反逆する、ということである。彼は自分自身のために、適合的な道徳、政府の機能に関する適合的な理解、「議会政府」の適合的な変形を生みだした。彼は必ずしも「貧しい」わけではなく、「富」だけを嫉妬しているわけでもない。彼は必ずしも「無知」ではなく、しばしばいわゆるインテリゲンチアの一員である。彼は他のいかなる階級にも厳密には対応しない階級に属している。

彼の特徴は、一次的には道徳的な弱さであって、知的な弱さではない。彼は「救済」を求め、最終的には、自分自身で選択をしなければならないという負担から解放されなければ満足できない。

繰り返しますが、大衆はあらゆる種類の人間に表れる性質のことです。当然、「知識人」と呼ばれる種類の人間にも「大衆性」は表れます。これから説明するように大衆社会の拡大は全体主義を呼び寄せますが、オークショットは論文の結論部分で、意外にも明るい未来を提示します。

近代ヨーロッパ史の中で何よりも重要な出来事は「大衆が完全な社会的権力の座についた」ことだと言われてきたし、広く信じられてもいるが、それは幻想であり、そんな現象は発生していないと。

近代ヨーロッパは二つの対立する道徳（個人性の道徳と「反‐個人」の道徳）を持っており、さらに政府機能に関する二つの対立する理解、それに応じて現行の統治制度に関する二つの解釈を持っていると私は主張した。もしこれが真実ならば、「大衆人」が議論の余地のない主権を勝ち得たということは、我々の道徳的・政治的傾向のうちどう考えても最強のはずのものが完全に抑圧され、最弱のものが生き残っているということを意味することになるだろう。「大衆人」が「完全な社会的権力」を振るう世界は、統治活動が単純な実質的状態の押しつけとしてのみ理解される世界、「人民政府」が完全に「議会政府」にとって代わった世界、個人性の「市民」権が反‐個人の「社会」権によって廃止された世界になるだろう。

――我々がそんな世界に住んでいるという証拠は何もない。確かに「大衆人」が登場して、そのことは、それに適合する道徳と政府の職務に関する適合する理解の中に現われた。彼は世界を彼のレプリカに変形させようとして、いくらかの成功を収めた。彼は自分自身では作り出せないものを享受しようとしたが、彼が奪いとったものはすべて変形をこうむった。それにもかかわらず、「大衆人」は疑いもなく派生的な性格にとどまる。

このようにオークショットは、大衆はあくまでも派生的なものであり、その影響を過大評価しすぎだと言います。この結論は、多くの大衆論、すなわち大衆社会が地獄へ突き進んでいく姿を描いたものとは異なります。

しかし、大衆が政治の質を変形させた時点で、大衆的なものが主導権を握ったとも言えます。この問題について、もう少し考えます。

一九六一年のイギリスと二〇二一年の日本

オークショットは言います。

「大衆人」が強力だったのは、共同体の絆の道徳の遺物が生き残っていて、彼の道徳的・政治的衝動をもっともらしいものにしたところだけだった。それ以外のところでは、彼が政治の方法や道徳的信念において引き起こした変化は広範だったが、それが個人性の道徳と「議会政府」を消滅させたという考えには根拠がない。

（中略）
その一方、もし我々が今の世界（それはむろん「大衆人」の発生を含む）を判断するならば、近代ヨーロッパ史の中で至上の重要性を持つ出来事は、やはり近代のイディオムにおける個人の発生である。個人性の追求は、ある道徳的傾向、政府の職務と統治の様式に関するある理解、活動と意見の多様性、「幸福」の観念を呼び起こし、これらはヨーロッパ文明に消し去ることのできない刻印を押した。「大衆人」の襲撃は個人性の道徳的威信を揺るがしたが、それを破壊しなかった。逃避を救済とする「反‐個人」さえも、それを避けることはできなかった。個人性の産物を享受したいという「大衆」の欲求は、彼らの破壊的衝動の形を変えた。そして「自己決定」の「幸福」に対する「大衆人」の反感は、たやすく溶解して自己憐憫に変わる。重要な点すべてにおいて、個人は今でも基盤であり、「反‐個人」はその影にすぎないのである。

「代表民主主義における大衆」が発表された一九六一年のイギリスと二〇二二年の日

本では、社会状況も違います。すでに述べたように、近代特有の病は、社会構造や時代状況により、出現の仕方が異なります。よって、わが国の状況については、あらためて検証しなければなりません。

第二章

支配されたい人たち

フロムの「自由からの逃走」

ドイツの社会心理学者エーリヒ・フロムの『自由からの逃走』という本がありま す。

これは全体主義を用意する人々のメンタリティについて分析したものです。

ここまで述べてきたオークショットの議論と重なるところも多いです。

フロムは言います。

すなわち近代人は、個人に安定をあたえると同時にかれを束縛していた前個人的社会の絆からは自由になったが、個人的自我の実現、すなわち個人の知的な、感情的な、また感覚的な諸能力の表現という積極的な意味における自由は、まだ獲得していないということである。自由は近代人に独立と合理性とをあたえたが、一方個人を孤独におとしいれ、そのため個人を不安な無力なものにした。この孤独はたえがたいものである。かれは自由の重荷からのがれて新しい依存と従属を求めるか、あるいは人間の独自性と個性とにもとづいた積極的な自由の完全な実現に進むかの二者択一に迫られる。

ここもまた多くの哲学者や思想家が同じことを言っています。オークショットは「個人」と「反-個人」を、オルテガは「進んで困難と義務を負わんとする人々」と「浮標のような人々」を対比させました。

第一章で述べたように、社会構造の変化により、人々は、教会の支配、絶対主義国家の支配から自由になりました。そしてそれにより「自由」を獲得したと思い込むよ

エーリヒ・フロム（一九〇〇〜一九八〇）
ドイツ出身の社会心理学者。自由であるがゆえに孤独であるという近代人の深層に迫り、逃避のメカニズムとしてのナチズムを分析。著書に『自由からの逃走』『愛するということ』など。

うになります。
しかし、その後拡大していったのは、自由の拒絶という現象でした。

> われわれはドイツにおける数百万のひとびとが、かれらの父祖たちが自由のために戦ったと同じような熱心さで、自由をすててしまったこと、自由を求めるかわりに、自由からのがれる道をさがしたこと、他の数百万は無関心なひとびとであり、自由を、そのために戦い、そのために死ぬほどの価値あるものとは信じていなかったこと、などを認めざるをえないようになった。

ドイツではナチズムという形で近代の病が現れました。それは市民社会の中から発生し、多くの人々が自発的に加担、あるいは服従しました。ではなぜこうした事態が発生したのでしょうか？

前近代の人々は孤独ではなかった

フロムはこう説明します。

動物は本能で動いているので、それに従うだけです。一方、人間は行動方針を選択しなければなりません。しかし、判断の責任を引き受ける人間は多くはない。人々は判断の自由を手に入れるかわりに、不安におびやかされるようになりました。

近代においては前近代的な共同体はすでに破壊されているので、人々にかつて安定を与えてくれた「絆」を取り戻すことは難しくなっています。こうして自由はやがて「たえがたいもの」「疑惑そのもの」になっていきます。

前近代の人々は孤独ではなかったとフロムは言います。

彼らは生まれた時からすでに明確な固定した地位を持っていました。そこでは、人生の意味を疑う余地はありませんでした。人間はその社会的役割と一致していたのです。社会的秩序は自然的秩序と同じものと考えられ、そこで役割を果たせば、安定感と帰属感が与えられました。

しかし、西欧に新しいメンタリティが発生します。「航海王子」という渾名《あだな》を持つポルトガルの王子エンリケが、三〇海里（約55キロ）程度の誤差で自分がいる位置を確定できる表を天文学者や数学者につくらせたことにより、長距離の航海が可能になりました。それにともない人間の精神も拡張していきます。

フロムは近代人のメンタリティの根源をプロテスタンティズムと資本主義の中に見出しました。

エンリケ（航海王子）（一三九四〜一四六〇）
ポルトガルの王子。西アフリカの探検、植民地政策を推進し、初期大航海時代の最大の功労者として伝説化されてきた。近年は功績を否定する研究も多く、評価が分かれている。

> すなわち資本主義は個人を解放したということである。資本主義は人間を協同的組織の編成から解放し、自分自身の足で立って、みずからの運命を試みることを可能にした。人間は自己の運命の主人となり、危険も勝利もすべて自己のものとなった。個人の努力によって、成功することも経済的に独立することも可能になった。金が人間を平等にし、家柄や階級よりも強力なものとなった。

こうして過去の「しがらみ」から解放され、階級の破壊により平等になった人々が、「新しい病」に感染するようになったのです。

マルティン・ルターは教会を復活させた

近代転換の重要な要素が宗教改革です。

一五一七年、ドイツの神学者マルティン・ルターが「九十五箇条の論題」を発表し、教皇レオ一〇世の贖宥状《しょくゆうじょう》販売を攻撃します。人は信仰によってのみ救われ、聖書のみが神の国を示すといった主張です。これをきっかけに宗教改革が進められ、ローマ＝カトリック教会から分離したプロテスタント教会が各地に登場します。

フロムは言います。

こうして、ルッターはひとびとを教会の権威から解放したが、一方では、ひとびとをさらに専制的な権威に服従させた。すなわち神にである。神はその救済のための本質的条件として、人間の完全な服従と、自我の滅却とを要求した。ルッターの「信仰」は、自己を放棄することによって愛されることを確信することであった。

マルティン・ルター（一四八三〜一五四六）
ドイツの宗教改革者。マインツ大司教アルブレヒトによる贖宥状販売を批判。旧約聖書の翻訳や賛美歌の作詞・作曲で、ドイツ語による典礼改革を推進。

それは国家とか「指導者」にたいし、個人の絶対的な服従を要求する原理と、多くの共通点をもつ解決方法である。

ルッターが権威を恐れ、また権威を愛したことは、かれの政治的信念にもあらわれている。かれは教会の権威に反抗し、新しい有産階級――その一部は聖職者の階層制度における上層階級であった――にたいしては憤りにみち、また農民の革命的な傾向をある点までは支持していたが、しかもかれは皇帝という世俗的権威にたいする服従を、熱烈に要請していたのである。

フリードリヒ・ニーチェ（一八四四〜一九〇〇）
ドイツの哲学者・古典文献学者。主著に『善悪の彼岸』『ツァラトゥストラはこう語った』など。キリスト教は生を破壊するとし、強者の道徳の構築を試みた。

宗教改革は、キリスト教の迷妄からの解放ではありません。カトリックにより世俗化・穏健化していたキリスト教を原理化したのです。

ニーチェはこういう言い方をしています。

ルター、この宿命の修道僧は教会を、いやそれよりも千倍もまずいことに、キリスト教を、それが倒れたその瞬間に再興したのだ……キリスト教、この宗教になってしまった生への意志の否認！　……ルター、このとんでもない一修道僧はその「とんでもなさ」を根拠にして教会を攻撃し、そして——その結果！——教会を再興した。(『この人を見よ』)

そしてルターは教会を復活せしめた、彼が教会を攻撃したからである・・・・ルネサンスが——一つの意味のない事変、一つの大いなる徒労となったとは！——ああ、こうしたドイツ人ども、彼らはすでに私たちになんたる犠牲をはらわせてきたことか！　徒労——これがつねにドイツ人どもの事業であった。——宗教改革、ライプニッツ、カントといわゆるドイツ哲学、「解放」戦争、帝国――いずれの場合も、すでに現存していた或るものを、何か回復しがたいものを徒労におわらせた・・・私は告白するが、これが、こうしたドイツ人どもが、私の敵である。（『反キリスト者』）

プロテスタントがカトリックに勝利した理由

ルターは最初のベストセラー作家となりました。

プロテスタントが闘いを有利に進めたのは、難しいラテン語の壁により教会が独占していた神の言葉を、簡単な言葉で翻訳したからです。これにより、誰もが神と直接つながることができるようになりました。

一方、反宗教改革派はラテン語の砦《とりで》を守ろうとしたので、負けたのです。

アメリカの政治学者ベネディクト・アンダーソンは言います。

（「九十五箇条の論題」の）ドイツ語訳はただちに印刷されて「一五日以内に国中いたるところで目にとまるようになった。」ドイツでは、一五二〇－四〇年の二〇年間に、一五〇〇－二〇年の二〇年間に比して、三倍の量の本が出版され、ルターはこの驚異的変化の中心にあった。彼の著作は、一五一八年から一五二五年にかけて販売されたドイツ語出版物の三分の一以上を占めた。（『想像の共同体』、以下同）

その背景には、プロテスタント勢力が、資本主義により創造され膨張《ぼうちょう》していった俗語出版市場の利用法をよく心得ていたことがあるとアンダーソンは指摘します。

俗語とは、公式には用いられない言語のことです。たとえば中世ヨーロッパではラテン語が公用語でしたが、それに対し、日常で使われる言葉を指します。それが大量に印刷され、流通することで、人々のメンタリティが変化していきました。

アンダーソンの議論をまとめます。

すべての古典的共同体は、聖なる言語を媒体として超越的な力の秩序と結合し、自らを宇宙の中心とみなしました。ラテン文語、バーリ文語、アラビア文語、中国文語といったものは、固有の神聖性について揺るぎない自信を持っていました。

カトリックのミサではラテン語が使われました。コーランも翻訳されませんでした。現在、日本語や英語などで翻訳されているものは、「解説書」にすぎないとされています。アッラーの言葉は真実の記号であるアラビア文語によってのみ、手に入れることができるとされているからです。

俗語と印刷技術による宗教の変容が「国民」という意識を生み出したとアンダーソンは考えます。新聞や小説は、ラテン語ではなく、フランス語、英語、スペイン語といった世俗語で書かれていました。読者は作品の背後に、同じ言葉を使う人間が大勢

ベネディクト・アンダーソン（一九三六～二〇一五）
アメリカの政治学者。中国の雲南省昆明生まれ。国民国家を「想像の共同体」と捉え、言語とナショナリズムを分析。著書に『言語と権力』など。

いることを意識するようになります。それが自分たちは単一のネイション（国民）であるという意識につながったのです。

カルヴァン予定説の危険性

フランス出身の神学者ジャン・カルヴァンも宗教改革で有名です。フロムはカルヴァンの危険性を指摘します。

というのは、予定説はもっともいきいきとした形で、ナチのイデオロギーのうちに復活したからである。すなわちそれは人間の根本的な不平等という原理である。カルヴァンにとっては二種類の人間が存在する。——すなわち救われる人間と永劫の罰にさだめられている人間とである。この運命はかれらの生まれてくる以前に決定され、この世におけるどのような行為によっても、それを変化させることはできないというのであるから、人間の平等は原則的に否定される。人間は不平等に作られている。この原理はまた、人間のあいだにどのような連帯性もないことを意味している。というのは、人間の連帯性にとって、もっとも強力な基盤となる一つの要素が否定されているからである。すなわち人間の運命の平等である。カルヴィニストはまったく素朴に、自分たちは選ばれたものであり、他のものはすべて神によって罰に決定された人間であると考えた。この信仰が心理的には、他の人間にたいする深い軽蔑と憎悪とをあらわすことは明らかである。

予定説とは、キリスト教神学で、個々の人間が救われるか滅びるかはあらかじめ定

ジャン・カルヴァン（一五〇九〜一五六四）
フランスの宗教改革者・神学者。神の絶対的権威を主張して「予定説」を唱えた。スイスのジュネーヴに招かれて、市政と教会の改革を指導した。

められているとする説のことです。すべての出来事は、自由な意志や行為をも含めて、あらかじめ決定されているというわけです。

余談ですが、私は一時期「一円パチンコ」をやっていました。それで台に座っているときに頭に浮かぶのが予定説と自由意志の関係でした。「今日、勝つのか負けるのかはあらかじめ決まっているのか」「しかし、パチンコをやると決めたのは自分の意志ではないか」「でもその選択自体が決定されていたのではないか」。これはコインの裏と表の関係のようなもので、「どちらとも言える」のかもしれません。

ルターとカルヴァンは、「近代社会で人間がとらなければならない役割」への心理的な準備を与えたとフロムは言います。すなわちそれは、自分自身の存在が無意味であると感ずることと、自分の目的ではない目的のために、ひたすら自己の生活を従属させようと用意することであると。

プロテスタンティズムは、おびやかされ、くつがえされ、孤独につき落された人間が、みずからを新しい世界へと方向づけ、新しい世界と関係を結ばなければなら

ないと望んだ欲求にたいする解答であった。経済的社会的変化から由来し、宗教的原理によってさらに強化された新しい性格構造が、こんどは逆に、社会的経済的な発展をさらにおし進める重要な要素となった。このような性格構造に根ざしていたそれらの性質――仕事への衝動、節約しようとする情熱、たやすく超個人的な目的のための道具となろうとする傾向、禁欲主義、義務の強制的意識――こそが、資本主義社会の生産的な力となった性格特性であり、それなしには、近代の経済的社会的発達は考えられない。

権威主義的思考と自動機械

プロテスタンティズムにより、個人は神と直面するようになります。

そうすると、圧倒感に襲われ、完全な服従によって救済を求める人々が出てきます。不安に支配された人間は、自分を温かく包み込んでくれる存在を求めます。これは現代の逃避の主要な社会的通路と同じであるとフロムは言います。それはファシスト国家で発生したような指導者への隷属であり、また民主主義国家に広くいきわたっている強制的な画一性であると。

　すべての権威主義的思考に共通の特質は、人生が、自分自身やかれの関心や、かれの希望をこえた力によって決定されているという確信である。残されたただ一つの幸福は、この力に服従することにある。

権威主義とは、自分より強いものには進んで言いなりになる一方、弱いものには差別をしたがる性格のことです。彼は自分自身であることをやめ、他の人々と同じような、また他の人々が彼に期待するような状態になりきってしまう。そうすれば、「私」と「外」との矛盾は消失し、同時に孤独や無力を恐れる意識も消えるのです。

まさにオルテガが定義した「大衆」です。

隣の人と同じであることに喜びを覚え、思考と価値判断を停止し、「同調の道具としての、常識や世論」「匿名の権威」に無条件に従い、一種の自動機械のようなものになっていく。考えることが怖いので、考えることを憎む。生きるために、自由を捨て、逃避しようとする。これがフロムが描いた全体主義を生み出す大衆のメンタリティです。

ちなみにアレントは「機械化」について、次のように述べています。

というのは、個体性の破壊ということは、自発性の——つまり、環境や事件に対する反応では説明され得ない或る新しいものをみずから進んで創始する能力の——抹殺にほかならないからである。その後に残るのは、生身の人間の顔を与えられているが故にかえって無気味な、例外なしに死にいたるまで唯々諾々と反応を——反応のみを——つづけるパヴロフの犬と同様にふるまうあの操り人形なのだ。これこそこのシステムの最大の勝利である。

平等主義は資本主義の要請

資本主義は人をバラバラにします。資本主義は前近代社会を解体し、平等社会を生み出しました。

産業社会では分業が行なわれます。

そこでは流動的で読み書き能力を持つ労働者が求められます。「暗黙の了解」で通用するような関係ではなくて、文脈に依存しないコミュニケーションが必要になるからです。

イギリスの哲学者アーネスト・ゲルナーは言います。

> この新しい種類の社会的流動性の直接的な結果は、ある種の平等主義である。近代社会は、平等主義的であるが故に流動的なのではない。流動的であるが故に平等主義的なのである。さらに、近代社会は望むと望まざるとにかかわらず流動的でなければならない。その理由は、経済成長に対する凄まじく癒しがたい渇きを満足さ

せるために、そうあることが求められる点にある。（『民族とナショナリズム』、以下同）

人間が平等になり社会が流動化したから近代が発生したのではなく、資本が労働力の流動化を要請したから、前近代的な身分社会が破壊されたのです。

その原理がナショナリズムです。

以下、説明します。

かつての農耕社会では、少数者である支配階級と大多数の農民は厳格に分離されて

アーネスト・ゲルナー（一九二五〜一九九五）

イギリスの哲学者・社会人類学者・歴史学者。近代産業社会の形成とナショナリズムとの相関関係を示した議論で多大な影響力を持つ。著書に『民族とナショナリズム』など。

いました。ゲルナーによると、こうした社会はおよそ五〇〇〇年間続きました。少数の識字能力を有するエリートは、彼らのもとで食糧生産に携《たずさ》わる膨大な数の人々と文化を共有しておらず、被統治者も複数の言語文化に分裂していたので、不満がネイション（国民）形成に向かわなかったからです。

しかし、知識階級はある日普遍化し、社会全体と共存するようになる。それは彼ら自身の努力でもなく、英雄的または奇蹟的な対内的ジハード（聖戦）によってでもなく、はるかに効果的で、社会に深く根ざした力によってであり、分業や生産そして認識の過程の性質全体が完全に変容したためである。

要するに資本主義です。

資本主義が近代人のメンタリティを生み出したのです。

ナショナリズムは近代の原理そのもの

すでに述べたように、近代はいくつかの条件が重なり、歴史的に生成されたものです。しかし、その構造自体は完全に自然から切り離されたものでした。

ひとことで言えば、概念による世界の解体と再構築です。

ゲルナーは言います。

農耕人は、自然環境で生き残ることのできる自然種にたとえられる。産業人は、人工的に生産され、飼育された種にたとえられる。この種は、もはや自然の与えた環境では十分に息ができず、新しく、特別に混ぜ合わされ、人工的に維持される空気または生育条件の中でようやく機能し生き残ることができる。したがって、この種は、巨大な水槽か飼育室といった特別に仕切られ設置された装置の中で生息する。だが、こうした仕切り部屋は建設され、手入れされる必要がある。

近代人とはナショナリズムという水槽の中で生きている人間のことです。その水槽は「手入れ」しないと使えなくなります。ゲルナーはこれを、「教育およびコミュニケーションのための全国的システム」と呼びました。

前近代の農業社会では、読み書きができる人はごく少数でした。

そこで、農村から都市部に出てきた人々を産業社会に組み込むために、国家は中央集権的で画一的な公教育システムを整備します。

分業に向いたコミュニケーション能力、標準語を強制することにより、ネイション（国民）を創出するわけです。

こうした事業は、特定の人々による計画ではありませんでした。もちろん、イデオロギーや社会運動による変化でもありません。これは西欧で誕生した「工業と貿易に専心する諸国民」のメンタリティが生み出したものです。

ゲルナーは言います。

すべての分離できるものの分離とでも称すべき「分析の精神」、あらゆる複合体の構成要素への解体（たとえそれが思考の中でしかできないとしても）、概念による一括処理の拒否、これらのことが伴っていなければ、事実の均等化と均質化とは不完全である。

近代の本質は、構成要素への解体と概念による再構築です。

「自然」はその支配下に置かれます。

近代人は対象を概念化し、抽象的にものごとを考えます。概念で考えれば思考がショートカットできるからです。

こうした暴力と闘ってきたのが本来の保守です。

概念の暴走とキリスト教のカラクリ

私の他の本でも繰り返し述べている話なので、手短にしますが、ニーチェはこうした概念の暴力と闘いました。

人間は視覚や聴覚を持っています。感覚器官が受け取った情報は脳内でイメージに転換され、さらに言葉に転換されます。こうした概念化の過程で、細かな差異は切り落とされます。同一ではないものを同一とみなすことにより、概念は発生します。

たとえば「葉」という概念があります。

一度、概念化されると、暴走を始めます。

まるで自然の中に、「葉」の原型が存在するかのようなイメージを呼び起こす。そしてその概念をもとにして、現実世界の「葉」はスケッチされ、測定されるようになります。

プラトン（紀元前四二七～紀元前三四七）
古代ギリシアの哲学者。著書に『ソクラテスの弁明』や『国家』など。完全な真実の世界を「イデア」とし、その影が現実世界と考えた。プラトンの哲学は、今日の西洋思想の源流といわれている。

こうした逆転現象を利用したのがキリスト教です。もっと遡《さかのぼ》ればプラトンです。そこでは真理は隠されており、真理を代弁する僧侶階級が権力を握ります。第一章で述べた伝統的なトリックです。

ニーチェはこうした発想を批判しました。

そして逆に、人間の感覚器官が生み出す世界こそが唯一の世界だと考えたのです。それはある種の誤謬《ごびゅう》だが、その誤謬こそが「世界」と呼ばれるものであると。

ニーチェは言います。

認識とは、多種多様な数えきれないものを、等しいもの、類似したもの、数えあげうるものと偽造することなのである。それゆえ生はそうした偽造装置の力でのみ可能である。(『生成の無垢』)

第三章

夏目漱石が見抜いた日本の行く末

上滑りだった日本の開化

全体主義について考えるには、ナショナリズムを理解しておく必要があります。先述したように、ナショナリズムは近代の原理そのものだからです。

ナショナリズムという言葉を聞くと、右派、右翼、民族主義、復古主義といったイメージを持つ人がいるかもしれませんが、それは間違いです。逆に、民族的なもの、復古的なものを破壊するのがナショナリズムです。

近代を外発的に受容した日本は、当然、近代の原理であるナショナリズムの理解も上滑りなものにならざるをえませんでした。

こうした問題を敏感に感知したのが、小説家の夏目漱石です。

漱石は明治四四（一九一一）年に和歌山県で行なった講演「現代日本の開化」（『私の個人主義』所収、以下同）で、電車やエレベーターなどの「便利」を求めるといった意味における文明開化について述べた上で、歴史的に特殊な経緯を持った「日本の開化」は西欧とは違う道を辿ったと言います。

それで現代の日本の開化は前に述べた一般の開化とどこが違うかというのが問題です。もし一言にしてこの問題を決しようとするならば私はこう断じたい、西洋の開化（すなわち一般の開化）は内発的であって、日本の現代の開化は外発的である。

これまで見てきたように、西欧における近代化の背景には、さまざまな要因がありました。それは西欧の固有の歴史が生み出したものです。

しかし、日本は鎖国から開国しなければならない状況に追い詰められ、西欧の「モ

夏目漱石（一八六七〜一九一六）
日本の小説家・英文学者。松山中学、第五高等学校で英語教師を務めた後、文部省留学生としてイギリス留学。代表作に『吾輩は猫である』『坊っちゃん』『こゝろ』など。

デル」「青写真」をお手本にして近代を受容し、神棚に飾りました。漱石は日本の開化が内発的でなかったがゆえに、それは「天狗にさらわれた男のように無我夢中で飛び付いて行く」ようなものになったと言います。

漱石が指摘したのは、この近代の受容の問題です。

自分を誤魔化す人々

漱石は言います。

これを前の言葉で表現しますと、今まで内発的に展開して来たのが、急に自己本位の能力を失って外から無理押しに押されて否応なしにそのいう通りにしなければ立ち行かないという有様になったのであります。それが一時ではない。四五十年前に一押し押されたなりじっと持ち応えているなんて楽な刺戟ではない。時々に押されれ刻々に押されて今日に至ったばかりでなく向後何年の間か、または恐らく永久に今日のごとく押されて行かなければ日本が日本として存在出来ないのだから外発的というより外に仕方がない。

日本は、前近代社会を即席で近代社会に改造しました。

漱石が気に入らなかったのは、西洋近代に巻き込まれた日本が、それを自発的な選択であったかのように思い込もうとしたことです。

要するに自己欺瞞《ぎまん》です。

こういう開化の影響を受ける国民はどこかに空虚の感がなければなりません。またどこかに不満と不安の念を懐かなければなりません。それをあたかもこの開化が内発的ででもあるかのごとき顔をして得意でいる人のあるのは宜しくない。それはよほどハイカラです、宜しくない。虚偽でもある。軽薄でもある。

自分はまだ煙草を喫ってても碌に味さえ分らない子供のくせに、煙草を喫ってさも旨そうな風をしたら生意気でしょう。それを敢てしなければ立ち行かない日本人は

――随分悲酸な国民といわなければならない。

近代の受容が突貫工事だったということは、当然、近代を内部から批判する態度としての保守主義の受容も表層的なものであったということです。もっと言えば、近代の本質が理解されない以上、全体主義の防波堤たる保守主義は受容されなかったと言ってもいい。

その結果が現在のわが国の惨状です。

復古主義者や右翼（理想主義者）が「保守」と誤認され、挙句の果てには新自由主義者やカルト勢力、情弱のネトウヨまで「保守」を自称するようになっています。

「日本スゴイ論」と自画自賛バカ

漱石は嘆きました。

これを一言にしていえば現代日本の開化は皮相上滑《うわすべ》りの開化であるという事に帰着するのである。無論一から十まで何から何までとは言わない。複雑な問題に対してそう過激の言葉は慎《つつし》まなければ悪いが我々の開化の一部分、あるいは大部分はいくら己惚《うぬぼ》れて見ても上滑りと評するより致し方がない。しかしそれが悪いからお止《よ》しなさいというのではない。事実已《や》むを得ない、涙を呑んで上滑りに滑って行かなければならないというのです。

とにかく私の解剖した事が本当の所だとすれば我々は日本の将来というものについてどうしても悲観したくなるのであります。外国人に対して乃公《おれ》の国には富士山があるというような馬鹿は今日は余りいわないようだが、戦争以後一等国になったんだという高慢な声は随所に聞くようである。中々気楽な見方をすれば出来るものだと思います。

わが国の「保守派」の軽薄さ、幼さ、夜郎自大《やろうじだい》ぶりはここに起因するように見えます。

近年の愛国ビジネスの隆盛もそうです。自慰史観満載のオナニー月刊誌には、「保守」を自称する売国勢力が結集し、国家の根幹に火をつけたテロリストを崇《あが》め奉《たてまつ》るという倒錯《とうさく》が発生しています。

第五章以降で詳しく述べるように、国の破壊に掉《さお》さしたのが「保守」および「保守」メディアでした。現実を直視することができない人々は、自らを過度に高く評価してうぬぼれたり、陰謀論に飛びついたりします。チープな「日本スゴイ論」が蔓延《はびこ》るのも、自信を消失し、不安に支配される人が増えたからでしょう。

漱石の講演から約一〇〇年後の今、「乃公の国には富士山があるというような馬鹿」の天下が発生したわけです。これを「フジサンケイ」化と呼びます。

歴史を「近道」する方法

言葉の恐ろしさについては第一章で述べました。

言葉は次の言葉を生み出します。

一度発してしまった言葉は取り消すことはできません。

よく核兵器の喩《たと》えが使われます。核兵器が一度開発されたら、核兵器を物理的に無くすことはできるかもしれませんが、人類が核兵器を開発できるという記憶は消すことはできない。それと同じです。

近代を用意するものが発生した時点で、人間は別の世界に住むようになったのです。近代はモジュール（規格化され独自の機能を持つ交換可能な構成要素）になり、さまざまな社会的土壌に移植できるようになりました。

革命は新しい事態でしたが、ひとたび革命が発生すると、印刷される数百万の言葉によって、それは一つの概念へと整形され、モデル、青写真になります。アンダーソンは、出版資本主義により、フランス革命という固有の経験は人類の記憶から消去できなくなったと言います。この「モジュール」はボルシェヴィキの革命につながりました。

産業資本主義の時代の入り口にさしかかっていた当時のロシアで革命は無理でし

た。ご存じのとおり、マルクス主義では、資本主義が高度化すれば階級対立が激化し、革命が発生するということになっています。しかし、フランス革命というモデルがあったから、ロシアでも革命が成功し、さらにはロシアよりもっと後進的な社会でも革命を「想像」できるようになりました。

要するに人類は、歴史を「近道」できるようになったのです。

フランス革命のモジュールは、理性主義であり、自由・平等・友愛というイデオロギーです。

理性とは人間に備わっているとされる、ものごとを推測する能力です。

革命家のマクシミリアン・ロベスピエールは、一七九四年六月八日、テュイルリー宮殿で「最高存在の祭典」を開き、理性により社会を合理的に設計することを宣言します。

ロベスピエールは「神が存在しないなら、発明する必要がある」と言い、神の位置に理性を置き、自分たちは一般意思の代理人を名乗りました。

フランス革命後、自由は自由の名の下《もと》に抑圧され、社会正義と人権の名の下に大量殺戮《さつりく》が行なわれました。
権力は暴走するからです。

公定ナショナリズムと薩長の反逆者

「公定ナショナリズム」という言葉は、イギリスの歴史学者・政治学者ヒュー・シートン＝ワトソンが「意図的な構築」といった意味合いでつくったものですが、アンダーソンは帝政ロシアを説明するために使いました。

マクシミリアン・ロベスピエール（一七五八〜一七九四）
フランスの政治家。革命後、モンターニュ派独裁以降は封建制の完全撤廃をする一方、反革命分子やダントン派などを粛清し、恐怖政治を推進。後に弟らとともに処刑される。

簡単に言えば、新しい国民国家の原理（ナショナリズム）と古い王朝原理を無理やりつなぎ合わせるやり方です。西欧の「モデル」を利用して、近代国家としての体裁を整えるわけですが、アンダーソンは日本にも当てはまると考えました。

尊王攘夷《そんのうじょうい》の旗の下、薩摩《さつま》藩と長州《ちょうしゅう》藩出身者を中心とする中級武士の一団は、一八六八年に倒幕に成功します。

その理由として、プロシアとフランスの専門的参謀将校が体系化してきた、西欧の新しい軍事科学をうまく吸収したこと、イギリス人武器商人より購入した七三〇〇挺の超近代的ライフルを効果的に使用したことをアンダーソンは挙げています。

しかしひとたび権力を掌握《しょうあく》すると、薩長の反逆者たちは、軍事的能力がそのまま政治的正統性を保証するものではないことに気がつきました。

それで薩長による藩閥政府が地位強化のために採用したのが、ホーエンツォレルン家のプロシア・ドイツモデルでした。要するに、モジュールにより短期間で近代国家を創り上げたわけです。

改革勢力はいくつかの要因に助けられました。

鎖国による民族文化的同質性と天皇の利用です。

江戸時代は参勤交代制度もあり、「日本」という意識は生まれつつありましたが、「統一国家」のイメージはまだ存在しません。

そこで明治維新後、大日本帝国憲法第一条で「万世一系の天皇これを統治す」と規定し、天照大神《あまてらすおおみかみ》の子孫である天皇が日本を統治していたという「通史」がつくられます。万世一系というフィクションを国民統合のための接合材にしたわけです。

ヒュー・シートン＝ワトソン（一九一六〜一九八四）ロシア史を専門とするイギリスの政治学者・歴史学者。オックスフォード大学卒業後、第二次世界大戦に従軍。戦後は母校やロンドン大学などで教鞭を執った。主著に未邦訳の『ロシア帝国の衰退1855-1914』（上記写真）。

ナショナリズムは民族を破壊する

ナショナリズムは近代の原理なのに、なぜ「神話」が利用されるのでしょうか。それは、工学と技術だけでは近代国家を生み出すのが難しいからです。

ゲルナーは「ナショナリズムとは、第一義的には、政治的な単位と民族的な単位が一致しなければならないと主張する一つの政治的原理である」と定義しました。大事なのは「一致している」ではなく「一致しなければならないと主張する」というところです。

> 端的に言って、ナショナリズムとは、エスニックな境界線が政治的な境界線を分断してはならないと要求する政治的正統性の理論であり、なかんずく、ある所与の国家内部にあるエスニックな境界線によって（中略）権力を握るものが他の人々から切り離されてはならないと要求するそれである。

ある領域において民族的な同質性を成立させるには、特定の民族以外の人々をすべて殺すか、追放するか、同化させるしかありません。そんなことは、普通はできません。そこで、民族自体を破壊し、前近代的な共同体を解体し、人間を個に分断し、それを再び神話を利用して人為的に接合するのです。

ナショナリズムは民族を破壊すると言うと、日本人にはピンとこないかもしれません。しかし、国家は民族を抑圧するのです。

たとえば、スペインのバルセロナはカタルーニャ自治州の州都です。カタルーニャ民族は独自の伝統や言語を持っています。このカタルーニャの民族主義を抑えつけているのは国家です。イギリスも、アイルランドの自治独立運動の問題を抱え込んでいます。

民族の論理は捏造される

国家は民族の論理を抑圧します。

その一方で国家は「民族の論理」を利用します。

これはどういうことなのか？

「民族の論理」を捏造《ねつぞう》するのです。

国家はネイション（国民）を創出するために、接合材として、神話・民族の物語を都合よく利用します。ナショナリズムは歴史の一部を恣意的に選択し、変形させます。

ゲルナーはネイション（国民）がナショナリズムを生み出すのではなく、ナショナリズムがネイション（国民）を生み出すのだと指摘しましたが、これはこういう意味です。

イギリスの社会学者アントニー・D・スミスは、ナショナリストの指導者たちは「エスニックな心理の核心には同じ血を共有しているという意識がある」ことを理解していたし、「躊躇《ちゆうちよ》することなくそれに訴えてきた」と説明します。

もちろんそこに根拠はありません。だから「神話」です。

自分たちは祖先から同じ血が流れていると考えていたとしても、生物学や歴史的事実とは一致していないのがほとんどです。

それにもかかわらず神話は実在します。

スミスは、ナショナリズム研究においては「何が事実か」ではなく「何が事実と感じられているか」が重要だと言います。共通の祖先についての確信は、事実ではなく感情に基づいているからです。

アメリカの政治学者ウォーカー・コナーは、ネイションとは「自分たちの祖先からずっと血がつながっていると信じている人々の集団であり、そのような信念を共有する集団としては最大である」と定義しました。

アントニー・D・スミス（一九三九～二〇一六）
イギリスの社会学者。学際的なナショナリズム研究の祖とされ、ナショナリズムの起源を前近代的な文化的歴史的共同体であるエスニーに求めた。主著に『ネイションとエスニシティ』（上記写真）。

要するに心理的な紐帯《ちゅうたい》です。

ネイションの物語、神話は、実際に人民の共感を呼び、さらにそれがネイションの再構築に貢献するようになります。

逆に言えば、神話を利用しながら辛うじて個をまとめ、国民単位の道徳を創出したのが近代国家だとしたら、さらに個への分断を推し進めたい勢力にとっては、神話も道徳も無用の長物《ちょうぶつ》ということになります。

次章ではこの問題を扱います。

ウォーカー・コナー（一九二六〜二〇一七）
アメリカの政治学者。民族集団が独立国家を建設する「エスノナショナリズム」を論考。今日におけるナショナリズムは、複雑な政治的・経済的要因によって引き起こされるとした。主著に未邦訳の『エスノナショナリズム』（上記写真）。

第四章

アレクシ・ド・トクヴィルの予言

GAFA支配と新しい全体主義

最近「新しい全体主義」「新しい形の全体主義」といった言葉をよく目にするようになりました。GAFA支配のデジタル全体主義に関する議論も活発です。

GAFAとは、Google・Apple・Facebook・Amazonの頭文字を並べた略称で、自分たちが持つ巨大なプラットフォームから顧客情報を得ることで、莫大な利益をあげています。

こうした企業は、よく帝国に喩《たと》えられます。Google帝国とかAmazon帝国といったように。

たしかにそこには帝国的な性格が付随しています。

以前、某政治家が国家主義が高まると、帝国主義になると言っていましたが、まったく逆です。帝国は複数の政治単位を統治する広域的支配地における普遍的な法を要求するので、国家単位の道徳を抑圧します。

グローバル企業もそれに似ています。彼らが国家や社会に責任を持とうとしないのは、いざとなったら海外に逃げることができるからです。アンダーソンは「人は労働党やアメリカ医師会、アムネスティのために死ぬことはない」と言いました。それらは国とは違って、参加も脱退も自由だからです。逆に言えば、参加も脱退も自由になれば国家という意識は消滅します。

先日、私は「fire」というAmazonのタブレットが安かった（約一万円）ので買ったのですが、クラウドベースの音声サービスAlexaが搭載されていました。「アレクサ、明日の天気は？」などと呼びかければいつでも答えてくれます。ということは、日常生活の会話もすべて筒抜けということです。タブレットにはカメラもついています。

かつては人民支配のために、家を捜索したり、拷問で自白させるような手間がかかりましたが、現在は、ネット上の視聴履歴から購買履歴まで、すべて記録されています。さらにはSNSで、われわれは私的な告白を毎日のように垂れ流すようになりました。

イギリスの作家ジョージ・オーウェルの『一九八四年』の世界では、監視システムの「テレスクリーン」は国民に設置が強制されるものでしたが、今では国民が自発的に、そういうものを私的空間に取り込んでいます。
フランスの政治思想家アレクシ・ド・トクヴィルは言います。

――今日の民主的諸国民の下に専制がうちたてられることがあるとすれば、それは別の性質をもつだろうと思われる。それはより広がり、より穏やかであろう。そして人々を苦しめることなく堕落させるであろう。（『アメリカのデモクラシー』、以下同）

これは二〇世紀に発生した全体主義よりも、現在の日本の状況に近いのかもしれません。

巨大な後見的権力と「新しい形の専制」

トクヴィルはこうも言っています。
少し長い文章ですが、重要なところなので丸ごと引用します。

私はだから、民主的諸国民が今日その脅威にさらされている圧政の種類は、これに先行して世界に存在したなにものとも似ていないだろうと思う。われわれの同時代の人々はそのイメージを記憶の中に探しても見出せまい。私自身、それについての観念を正確に再現し、形にして収める表現を求めても得られない。専制や暴政という古い言葉は適切でない。ものは新しい。これを名づけ得ぬ以上、その定義を試みねばならない。

専制がこの世界に生まれることがあるとすれば、それはどのような特徴の下に生

アレクシ・ド・トクヴィル（一八〇五〜一八五九）
フランスの政治学者・歴史家・政治家。建国後まもないアメリカを旅行し、『アメリカのデモクラシー』を執筆。平等主義が新しい形の専制につながる危険性を説く。

じるかを想像してみよう。私の目に浮かぶのは、数え切れないほど多くの似通って平等な人々が矮小で俗っぽい快楽を胸いっぱいに想い描き、これを得ようと休みなく動きまわる光景である。誰もが自分にひきこもり、他のすべての人々の運命にほとんど関わりをもたない。彼にとっては子供たちと特別の友人だけが人類のすべてである。残りの同胞市民はというと、彼はたしかにその側にいるが、彼らを見ることはない。人々と接触しても、その存在を感じない。自分自身の中だけ、自分のためにのみ存在し、家族はまだあるとしても、祖国はもはやないといってよい。

この人々の上には一つの巨大な後見的権力が聳え立ち、それだけが彼らの享楽を保障し、生活の面倒をみる任に当たる。その権力は絶対的で事細かく、几帳面で用意周到、そして穏やかである。人々に成年に達する準備をさせることが目的であったならば、それは父権に似ていたであろう。だが、それは逆に人を決定的に子供のままにとどめることしか求めない。市民が楽しむことしか考えない限り、人が娯楽に興ずることは権力にとって望ましい。権力は市民の幸福のために喜んで働くが、その唯一の代理人、単独の裁定者であらんとする。

トクヴィルは民主主義と平等化が「新しい形の専制」、全体主義を生み出すことを予言しました。トクヴィルという天才の見えすぎてしまう目は、二〇世紀を飛び越え、二一世紀の日本の全体主義まで捉えているようです。

技術が人間性を抹殺する

GAFAがわれわれに対して具体的に何か危害を加えてくることはないのかもしれません。しかし、個人情報が筒抜けになっている時点で、われわれは過去とは違う状況にいます。要するに、俎板《まないた》の鯉《こい》です。

フランスの哲学者ミシェル・フーコーがパノプティコン（全展望監視システム）について語ったのは有名です。これはイギリスの哲学者ジェレミ・ベンサムによる監獄建築のための設計であり、少数の運営者により多数の収容者を見張るシステムです。円形に配置された収容者の個室は中央の看守塔から一望することができます。一方、収容者から看守の姿は見えません。

この理論を突き詰めれば「看守はいらない」ということになります。なぜなら、看守がいようがいまいが、収容者は常に監視されていると感じるからです。

つまり、強大な権力を持った独裁者が、暴力で国民を縛るのではなく、トクヴィルの言葉を借りれば、「絶対的で事細かく、几帳面で用意周到、そして穏やか」に人間性を抹殺するのです。

こうなると、どうやって闘えばいいのかすらわからなくなります。

看守の姿が見えないからです。

もっとも技術が人間性を殺すという話は、昔からたくさんあります。

イタリア出身の歴史学者エンツォ・トラヴェルソは言います。


一九六四年の『一次的人間』で彼(ヘルベルト・マルクーゼ)は、新資本主義社会に存在する全体主義的要素をえぐりだし、もはや恐怖ではなく社会関係の物象化にもとづく抑圧の新しいかたちが、しだいに空洞化する自由と権利の形式的な墨守のなかに見られると書いた。恐怖は「抑圧的な寛容」に席を譲り、道具的合理性――世紀のはじめにヴェーバーがえがいた「鉄の檻」――は世界をむさぼり食らう。マルクーゼは、社会が全体主義的に組織化されることを、近代技術の発展の不可避的な結果として描写している（いくらかハイデガー風に）。

（中略）

新資本主義はこうして〈文明〉の最終段階にある。「技術的合理性の全体主義的世界は理性の観念の最終的な具現なのだ」。マルクーゼは、全体主義の新資本主義批判を通して、近代技術の野蛮時代の到来を予言する。（『全体主義』、以下同）

ミシェル・フーコー（一九二六〜一九八四）
フランスの哲学者・歴史家。『監獄の誕生―監視と処罰』では、国家権力の集中機構としての監獄を近代管理システムの起源として取り上げ、その本質を明らかにした。

ナチス（国民社会主義）も近代技術そのものです。

国民社会主義はその目的の非合理性と目的を達成する手段の合理性とが特徴的だった。その全行程は、近代社会の道具的合理性（技術的、経営的、産業的な）を人類の生物学的再編計画に適用する巨人的な努力として解釈することができる。ひとことで言えば、絶滅収容所は、社会ダーウィニズムと生物学的人種差別主義による世俗の至福千年説という鋳型に、反啓蒙主義と近代技術を流しこんだものである。

ジェレミ・ベンサム（一七四八～一八三二）
イギリスの哲学者・経済学者・法学者。功利主義の提唱者。一九世紀前半、インドにおける東インド会社の勢力圏で用いられた行政法体系に影響を与えた。

人間の絆が近代の病を防ぐ

第一章と第二章で述べたように、オークショットは「個人」と「反-個人」を、オルテガは「進んで困難と義務を負わんとする人々」と「浮標のような人々」を対比させました。

「個人」は「大衆」とは異なり、近代においても完全にバラバラにはなりません。トクヴィルは「中間団体」の存在を重視します。

中間団体とは、前近代においてはギルド、地区の教会など「国家と個人の中間にある組織」を指します。近代においては、労働組合や商工会議所、農協、漁協などの職業団体、各種NPO、地域のコミュニティー、宗教団体などがこれにあたります。

トクヴィルは言います。

――市民の一人一人が弱体化し、その結果自由を単独で保持することが不可能になるにつれて、これを守るために仲間と手を結ぶ術を各人が学ばないとすれば、暴政は

——平等とともに必然的にその力を増すであろう。

ところが民主的な国民にあっては、市民は誰もが独立し、同時に無力である。一人ではほとんど何をなす力もなく、誰一人として仲間を強制して自分に協力させることはできそうにない。彼らはだから、自由に援《たす》け合う術を学ばぬ限り、誰もが無力に陥る。

民主的な国に住む人々が政治的目的のため団体をつくる権利と趣味をもたないとすれば、彼らの独立は大きな危険にさらされるであろう。

（中略）

私人が単独で大事をなす力を失って、共同でこれを行う能力を身につけないような人民は、やがて野蛮に戻るであろう。

近代とは人間を個に分断する働きのことでした。

だから、トクヴィルは人間を結びつけることが近代の病を防ぐと指摘したのです。

後見的な権力にすべてを委ねるのではなく、自発的に社会に関与していく。このような強烈な「自治」の伝統が、人々の孤立を防ぎ、公的なものを守っていることを、トクヴィルはアメリカ社会の中に見出しました。

フリードリヒ・ハイエクと「真の個人主義」

オーストリアの経済学者フリードリヒ・アウグスト・フォン・ハイエクは、「真の個人主義と偽の個人主義」（『市場・知識・自由』所収、以下同）で次のように述べます。

——一九世紀において個人主義は、この世紀の最大の歴史家および政治哲学者たる二人、すなわちアレクシス・ド・トクヴィルとアクトン卿の著作において、もっとも完全に表現されたと私は見る。

——しかし、個人主義が反対するのは、組織や連合をつくるのに強制を用いることに対してであって、結合そのものに対してではない。個人主義者の立場は、自発的な結合に反対するのでは決してないのであって、逆に、多数の意見では意図的指令によってしか成しとげられないとされている多くのことが、諸個人の自発的、自然発生的な協力によってヨリよく成しとげられうる、と主張することにある。したがって、首尾一貫した個人主義者は自発的協力の熱烈な支持者——その協力が他人の強制に変質したり、排他的権力の僭取に通じるのでないかぎりは時処のいかんを問わず——でなければならない。

自由主義の立場から全体主義を批判し続けたハイエクは、「自発性」を抑え込む暴力と戦ったのです。

真の個人主義は家族の価値と小さい共同体や集団のあらゆる共同の努力を肯定すること、真の個人主義は地方自治と自発的結合に信を置くこと、実際、真の個人主義の立場は、国家の強力的行為に通常頼られていることの多くが、自発的協力によってヨリ上手になされうるという主張に大いに基づいていることは、これ以上さらに強調する必要はない。それとはこの上もない対照をなすのが偽の個人主義であって、こちらは、前期のような比較的小さい集団をすべて、国家が課す強制的規則の他には繋《つなが》りのないアトムに解体することを欲し、それらの小集団による強制的権力の不当奪取から個人を保護するために、国家を主として使うかわりに、すべての社会的紐帯を指令によるものにしようと努める。

だから、全体主義勢力は中間団体を攻撃するのです。

フリードリヒ・ハイエク（一八九九〜一九九二）
オーストリア・ウィーン生まれの経済学者。ケインズ理論を批判。「秩序のもとにおける自由」を標榜したことから、新自由主義の象徴的人物に挙げられることも多い。一九七四年にノーベル経済学賞を受賞。

エミール・デュルケームと中間団体

なお、フランスの社会学者エミール・デュルケームは、『社会分業論』で近代により破壊された共同体に代わるのが「中間団体」だと指摘しています。

われわれ各人は、いうまでもなくある自治体やある県に所属してはいるものの、われわれをそこにつなぎとめておく諸紐帯は、日ごとにもろくなり、ゆるくなってきている。こうした地理的区分は、その大半が人為的なものであって、もはやわれわれに深い感懐をよびさますものではない。地方的な気風は永久に失われてしまい、郷土愛は懐古趣味になり終わって、思いのままによみがえらせることもできない。市町村や県の出来事は、われわれの職業上の関心事と一致するかぎりにおいてしか、われわれの心を動かすこともなく、情熱をかきたてることもない。われわれの活動は、せまきにすぎるこのような集団をこえてひろがっており、他面、そこでおこることがらの大半は、われわれにとってどうでもよいことである。こうして、

――旧社会構造の自主的な衰弱ということがおこる。

近代人は、絆を失ってしまいました。
そして足元がおぼつかなくなります。
しかし、デュルケームは、絆が完全に消滅するのを防ぐ方法があると指摘します。

――なぜなら、集合的活動というものは、いつのばあいでも、まことに複雑なもので
あって、国家というような唯一無二の器官によってはとうてい表現されえないも

エミール・デュルケーム（一八五八～一九一七）
フランスの社会学者。ボルドー大学やパリ大学で教鞭を執り、コントの実証主義を発展させ、客観主義的な社会学を提唱した。主著に『社会分業論』『社会学的方法の基準』『自殺論』など。

のだからである。のみならず、国家と諸個人とは距離がありすぎ、双方の関係も外圧的、断続的にすぎるので、国家が個人意識の奥深く浸透し、これを内在的に社会化することなどできることではないからである。国家だけが人間の共同生活の営為に際して形成されうる唯一の環境だとすると、人間は国家から離れてゆき、人間どうしは離れればなれとなり、それにつれて社会が解体してしまうことの避けられないゆえんは、まさにここにある。ひとつの国民は、国家と諸個人のあいだに、一連の第二次的集団をすべて挿入することによってのみ、みずからを保持しうる。

全体主義が権力と個人の直結であるならば、中間団体はその緩衝材になります。ナショナリズムは前近代的共同体を破壊し、ネイション（国民）を創造しますが、中間団体を内包していれば、近代の病が重症化する危険は減少するのです。

資本主義にモラルは介在しない

資本主義の暴走が国民の道徳を破壊するという話の補足をしておきます。

たとえば書籍出版も資本主義の市場追求の基本に従います。

本は売るためにつくられるので、時代の大多数の人の好みに沿うようになります。書店に俗悪な本が平積みになっているのは、それを買う人がいるからであり、出版社はそのニーズに合わせます。

これは出版社や編集者のモラルが低下したというより、そもそも資本主義とモラルは関係ないのです。それでも国民単位のモラルを維持しようとする人々は存在しますが、カネだけが価値基準の人たちは国や社会を鑑《かんが》みることはありません。

マクドナルドの経営はグローバル企業の典型です。徹底的な合理化、規格化、効率化により、拡大していきます。

これは近代の原理そのものです。

「マクドナルドはまずい」という批判は意味がありません。彼らはそれをおいしいと思う人間をターゲットに絞って商品をつくっているからです。

従業員はマニュアル通りに単純作業を行なえばいいので技能は必要ありません。修業により伝統を引き継いだ職人の店よりも、マーケティングと宣伝により、効果的に市場にエサを投下したほうが儲《もう》かるという計算です。

ゲルナーは言います。


成熟した農耕社会の専門特化のいくつかは極端なものであろうとする。それは一生涯にわたる、きわめて長期の全身全霊を打ち込んだ訓練の果実である。訓練はごく若い時に始まり、それは他の関心をほぼ完全に放棄することを要求したであろう。これらの社会における工芸品や美術品生産の業績は、極度に労働集約的で技能集約的であり、その達成した複雑さと完璧さとのレヴェルは、後に産業社会が獲得したレヴェルでは太刀打ちできないほどのものである。産業社会の家庭向け工芸、室内装飾、料理法、道具類、装飾品の安っぽさの悪評はよく知られているとおりである。

そこに付随する知の伝達の技法も失われました。

その理由は、そのような伝授が行なわれる社会構造が解体されたからです。

マニュアル・数値で伝達は可能だと考え、曖昧《あいまい》なもの、コンテクストに縛られたもの、阿吽《あうん》の呼吸といったものを切り捨てるのが近代です。

つまり、資本主義・産業社会が人間の質そのものを変えたのです。

戦争は平等社会を生み出す

新自由主義は国民単位の価値や道徳を解体します。

そこには前近代から抽出された統合原理すら必要ないからです。

現在の状況は、国家が市場の暴走を制御しきれなくなった結果、国家と道徳の破壊者が台頭してきたと捉えるべきです。

わが国においては、構造改革を唱える勢力が国家の中枢に食い込んできました。グローバル企業にとっては、国家の論理は障壁でしかありません。

グローバリズムは、人間の概念化・数値化をさらに推し進めます。

国家という意識は、グローバリズムに対する一種の防衛本能が生み出したものでもあります。

一七九九年、ナポレオン・ボナパルトはクーデターにより権力を握ります。

周辺諸国は、干渉戦争を仕掛け、最終的に連合軍によりナポレオンは敗れましたが、ヨーロッパ諸国の軍隊や民衆がナポレオンの軍勢に対抗して勝利をおさめることができたのは、これらの国々の君主たちが、フランスをまねて民衆の感情と利害に訴え、それによって愛国的情熱を呼び起こしたからだと、カナダ出身の歴史家ウィリアム・ハーディー・マクニールは指摘します。

かつての軍隊は主として外国人の傭兵《ようへい》によって構成されていましたが、ナポレオンは国民軍を創出します。フランス革命は身分制社会を解体しましたが、そこから平等な国民が祖国を守るという発想が生まれます。周辺諸国もそれに誘発されて「国家」という意識を強く持つようになります。要するに、ナポレオンの動きは、各国のナショナリズムを生み出したのです。

戦争は平等化を進めます。

戦費を集めたり、徴兵を行なうためには特権階級が独占してきた権力を分配する必要が出てきます。貴族は、戦争に協力することにより王権の一部を切り崩してきました。そして国民を平等にするナショナリズムにおいて、「総力戦」という発想が登場します。

それこそが第一次世界大戦と第二次世界大戦でした。

平等化と戦時国家化は、地続きでつながっています。

ナポレオン・ボナパルト（一七六九〜一八二一）
フランスの軍人・皇帝。フランス革命に砲兵将校として参加。その後頭角を現し、一七九九年第一執政に就任、軍事独裁の道を開いた。独創的な戦術でヨーロッパを席巻。ナポレオン法典の編纂や占領政策を通じてヨーロッパの近代化を推進した。

そこを切り崩してきたのがグローバリゼーションです。

次章以降で述べるように、国家の中枢から国家が解体され、公共が破壊された結果、近代国家という疑似共同体も変形していきます。合理性や効率性は国家の枠組みを超えます。より細かく分断された「個」は、技術により完全に管理されるようになります。

第五章

維新の会はナチスの再来か？

「橋下徹」という病

私は気に入らないものにナチスというレッテルを貼り、思考停止するのは危険だと思っています。単純でわかりやすい説明にはどこかに「罠」「欠陥」があります。その前提の上で言いますが、維新の会（以下、維新）の政治手法はナチスに酷似しています。維新は過去の悪霊が復活したものであり、政治からもっとも遠ざけなければならない存在です。

私は橋下徹が大阪府知事になった段階でそれに気づき、「都構想」という名の大阪市解体をめぐる住民投票、出直し市長選、大阪府知事・市長のダブル選のときも、何度も大阪に行き取材しました。

私は普段はパソコンに向かって記事を書いている人間です。しかし、維新を直接観察しないとわからないことが多いと感じたのです。それは理論やイデオロギーではなく、「空気」とか「臭《にお》い」といったものに近い。

大阪で取材してわかったのは、ごく普通の人々が維新を支持していたことです。知的レベルが低いわけでも、良心がないわけでもありません。本気で大阪をよくしたいと思っている人たちが、目を輝かせながら、嘘が書いてあるデマビラを撒《ま》き、催眠商法まがいのタウンミーティングや街頭演説の手伝いをしていたのです。

よって、維新を単なる反社会勢力や狂信的なカルト集団と捉えると間違えます。もちろん、党内にはまともではない人間が多いのですが、ごく普通の人たちを引き付ける要素がそこにはあるのです。

維新が「既得権益」を破壊してくれれば大阪はよくなると思っている人も多かったし、維新が大阪市を潰そうとしていることを知らず、賛成派が多数になったら「大阪

橋下徹（一九六九〜）
日本の弁護士・政治家。早稲田大学卒業後、「タレント弁護士」として活動。二〇〇八年に大阪府知事就任。二〇一〇年四月、大阪維新の会を結党し代表に就任。二〇一一年からは大阪市長に転じた。二〇一五年に退任。

都」ができると思っている人もいました。こうした事象をプロパガンダとイメージ操作の成果と説明することは簡単ですが、それだけでは足りません。この背後には、騙《だま》されたい人たち、「選択」を拒絶する人たちの存在があります。

これは各種データで確認することができます。

たとえば、二〇二〇年に維新が仕掛けた住民投票（二回目）の直前に共同通信社が世論調査を行なったところ、賛成は四三・三パーセント、反対が四三・六パーセントと拮抗《きっこう》しました。注目すべきは、大阪府と市の説明に関し七〇パーセントが「十分ではない」と回答していたことです。つまり、何が発生しているのかよくわからないまま賛成したり反対したりする人たちが相当数いたわけです。

彼らは「選択」したのではなく、「信じ」「賭けた」のです。

大衆は小さな嘘より大きな嘘の犠牲になりやすい

ナチス宣伝相のヨーゼフ・ゲッベルスは「嘘も一〇〇回言えば真実となる」と言い

ました。ヒトラーは「大衆は小さな嘘より大きな嘘の犠牲になりやすい。とりわけそれが何度も繰り返されたならば」と言っています。

橋下は著書で「ウソをつかないやつは人間じゃねえよ」「嘘つきは政治家と弁護士のはじまりなのっ！」（『まっとう勝負！』）、「私は、交渉の過程で〝うそ〟も含めた言い訳が必要になる場合もあると考えている。自身のミスから窮地に陥ってしまった状況では特にそうだ。正直に自分の過ちを認めたところで、何のプラスにもならない」（『図説　心理戦で絶対負けない交渉術』）と述べている人物です。

職業的デマゴーグは最初から言葉の価値など信用していません。彼らの行動原理は

ヨーゼフ・ゲッベルス（一八九七〜一九四五）

ドイツの政治家。ハイデルベルク大学在学中は哲学を専攻。一九二九年にナチ党の全国宣伝部長、一九三三年、啓蒙宣伝相に就任しプロパンガンダでナチ党の党勢拡大を図った。ベルリン陥落直前に総統官邸で家族とともに自殺。

勝つか負けるかであり、そこにモラルは介在しません。

二〇一五年五月の「大阪都構想」を巡る住民投票で明らかになったのは、確信犯的に嘘をつく連中が政治を汚染するようになったことです。

維新は徹底して嘘、デマ、プロパガンダを社会に流し続けました。

そもそも「都構想」という名称自体が嘘でした。多くのメディアが「大阪都構想への賛否を問う住民投票」などとミスリードしていましたが、住民投票で賛成票が反対票を上回っても「大阪都」になるわけではありませんでした。

住民投票で賛成が上回れば、大阪市は解体され、五つの特別区に分割されることになっていました。当然、大阪市民は自治を失います。

その目的は、橋下本人が言うように「大阪市が持っている権限、力、お金をむしり取る」（「読売新聞」二〇一一年六月三〇日）ことでした。その財源や権限の多くは維新により流用されることになっていました。カジノ関連のインフラ整備もそうです。また、「特別区設置協定書」に記載されていない事項の多くは、市長により決定されることになっていました。要するに白紙委任です。

二重行政の解消でカネが出てくるという話も嘘でした。維新は当初、年間四〇〇〇億円の財源を生み出すのは「最低ライン」と言っていましたが、大阪府と大阪市が試算した結果は九七六億円。その数字も橋下の指示による粉飾でした。その後、大阪市議会が出した「効果」はわずか一億円です。制度移行のための初期投資と年間コストを引けば、明らかにマイナスになります。

にもかかわらず、橋下はタウンミーティングなどで、二重行政の解消による財政効果は「無限」と言い出します。

テレビCMでは「教育費を五倍にした」とデマを流し、住民投票前になると「都構想の住民投票は一回しかやらない」「賛成多数にならなかった場合には都構想を断念する」と断言しましたが、否決後三ヵ月もしないうちに、再び「都構想」をやると言い出しました。

維新は、目盛りをごまかしたり、都合の悪いデータを隠した詐欺パネルを、タウンミーティングや街頭演説で使いました。その不正を学者や市民団体に指摘されても、なにごともなかったかのように、そのまま使い続けました。

ここが普通の悪党と違うところです。単なる悪党でしたら、さらに嘘を重ねるか、誤魔化そうとします。しかし、維新の場合は、弁解すらしませんでした。嘘やデマ、プロパガンダが一定の効果をあげるのなら、それでいいのです。このニヒリズムはナチスに酷似しています。

維新を観察してわかったのは、勝ったのは心理学であり、負けたのは人間であるということです。人間の心の闇、脆弱《ぜいじゃく》な部分を狙い撃ちにするテクノロジーが発達すれば、ニヒリストは算盤《そろばん》をはじきながらそれを利用します。反社会的な人間が維新に集まるのは、構造的な問題です。

維新の会とナチスの本質

ナチスとヒトラーという特異な人物の関係は重要です。それと同じで、維新と橋下の関係は切り離しては論じられません。

橋下は著書『まっとう勝負!』でこう述べています。

「国が事前に危険な奴を隔離できないなら、親が責任を持って危険な我が子を社会から隔離すればいいんだ。他人様の子どもの命を奪うほどの危険性がある奴に対しては、そいつの親が責任を持って、事前に世の中から抹殺せよ！」

「苦渋の決断でわが子を殺した親に対しては、世の中は拍手を送ってもいいだろ。国に代わって、世の中に代わって、異常・危険分子を排除したんだからね」

親が危険性があると判断すれば、子供が何もしていなくても、殺してもいいと言うわけです。判断の基準などどうとでも言えるから、これは家庭内殺人を教唆《きようさ》しているのと同じです。

弁護士としての発言以前に、人間として異常極まりない。

こうした発想は、ナチスの優生思想そのものです。

新型コロナ対策の一律給付金一〇万円について、橋下は公務員や生活保護受給者は受け取るなと言い出しました。維新の会お得意の「公務員や社会的弱者を叩いて社会に蔓延《まんえん》するルサンチマンを回収する手法」ですが、こういう連中に拍手喝采を送っていると最後には国民に牙を向けます。歴史を振り返れば明らかです。

橋下は著書『どうして君は友だちがいないのか』でこう述べています。

「だから、グループの動きに足並みを揃えて、誰かをいじめてしまう『世渡り』を僕は『絶対に悪だ』『いますぐにやめるべきだ』とは思いません」

「だから、自分の位置や他人との関係やヒエラルキーを守るために、いじめてしまうのはある程度、しかたがない」

「ほかの子に無視されたくない。いじめられたくない。そのような気持ちから、やむを得ず、いじめに荷担してしまったのであれば、しかたのないところではあります」

自分の利益、世渡りのためには、いじめも犯罪も正当化する。ここに「日本をグレート・リセットする」と言う橋下維新の原点を見出すことができます。

社会に寄生する邪悪なもの

橋下はかつて破れた革ジャンを仕入れて高値で売り、友人が批判すると「気づかずに買うのはお人よしや」と答えたそうです。また、「広がる橋下ネットワーク」という自己紹介パンフレットには、全部仮名の公認会計士や税理士らの名前がずらりと並べられていました。橋下同期の弁護士たちが「こんなもの配ったら懲戒請求されるぞ」と警告すると、橋下は「だって、本名書いたらバレますやん」と返答したとのこと。（「毎日新聞」二〇一二年四月一五日）

バレなければ何をやっても構わないというのが、維新の精神です。

橋下は言います。

「どんなに不当なことでも、矛盾していることでも、自分に不利益になることは知らないふりを決め込むことだ」（『最後に思わずYESと言わせる最強の交渉術』）

「交渉において非常に重要なのが、こちらが一度はオーケーした内容をノーへとひっくり返していく過程ではないだろうか。まさに、詭弁を弄してでも黒いものを白いと言わせる技術である」（『図説　心理戦で絶対負けない交渉術』）

「交渉では〝脅し〟という要素も非常に重要なものだ」（同前）

「たとえ話で論理をすり替え相手を錯覚させる！」（同前）

こんな人間とまともな議論が成立するわけがありません。

橋下はディベートはできても、議論することはできません。

議論はディベートのように勝ち負けを決めるものではありません。なんらかの合意や成果を見出そうとお互い努力するものです。何かを得ようとするなら、立場が違う人間、考え方が違う人間を拒絶するのではなく、自分の正義を疑い、相手の立場を尊重することが大切です。

しかし、議論の前提を破壊する邪悪な人間は別です。

デマとプロパガンダの拡散による社会の破壊、メディアとの結託《けつたく》、密告の奨励やスラップ訴訟（威圧的、いやがらせ訴訟）による言論弾圧、脅し、詭弁、「黒いものを白いと言わせる技術」……。

橋下はナチスの手法をそのまま利用しました。

社会に寄生する邪悪なものに抵抗する作業を意識的に続けない限り、われわれは悪の支配を受けることになります。

維新に事実を突きつけても効果がない理由

大言壮語《だいげんそうご》するのも全体主義の特徴です。

ヒトラーはゲルマン民族の優位性を説き、ドイツの拡大を唱えました。

橋下はタウンミーティングなどで「東京を飛び越えてニューヨーク、ロンドン、パリ、上海《シャンハイ》、バンコク、そういうところに並んでいく大阪というものを目指そうとする。これが大阪都構想賛成派」などと繰り返し語っていましたが、すでに述べたように、賛成が多数になれば大阪市は解体され、ニューヨーク、ロンドン、パリどころか、町や村以下の特別区になることになっていました。

維新の街頭演説やタウンミーティングの目的は参加者の洗脳です。事実と乖離《かいり》した情報が垂れ流されることにより、「判断」「選択」が必要な局面が生まれます。しかし、「判断」「選択」を拒絶する人たちは、現実を受け止めることができず、感情に流されていきます。

アレントは言います。

大衆は目に見える世界の現実を信ぜず、自分たちのコントロールの可能な経験を頼りとせず、自分の五感を信用していない。それ故に彼らには或る種の想像力が発達していて、いかにも宇宙的な意味と首尾一貫性を持つように見えるものならなんにでも動かされる。事実というものは大衆を説得する力を失ってしまったから、偽りの事実ですら彼らには何の印象も与えない。大衆を動かし得るのは、彼らを包み込んでくれると約束する、勝手にこしらえ上げた統一的体系の首尾一貫性だけである。あらゆる大衆プロパガンダにおいて繰り返しということがあれど効果的な要素となっているのは、大衆の呑み込みの悪さとか記憶の弱さとかの故ではなく、単に論理的な完結性しか持たぬ体系に繰り返しが時間的な不変性、首尾一貫性を与えてくれるからである。

維新に事実を突きつけても効果がないのは、冷静な批判は熱狂の中に飲み込まれるからです。「昔の大阪はひどかった」「維新により大阪はよくなってきた」「橋下さん

はがんばっている」「大阪は変わるんだ。東京の人間が邪魔をするな」というわけです。

各種数値を見れば、維新の政治により、大阪は確実に悪くなっています。

二〇二〇年の刑法犯検挙率も刑法犯罪遭遇率も大阪が第一位。福祉・インフラ・子どもの生活ランキングも幸福度ランキングも下から数えたほうが早い。ネットでは「自分の身の回りを見れば大阪はよくなってきた」という人も散見されますが、その多くは維新の業績ではないものを成果とし、不都合な事実は隠蔽《いんぺい》するか、責任転嫁するからです。

二〇一八年春の全国学力テストの結果、大阪市が小・中学校共に二年連続で政令市中の最下位になると、当時の大阪市長だった吉村洋文《よしむらひろふみ》は現場教師に責任転嫁して、学力テストの結果を「校長や教員の人事評価とボーナスに反映させる」と言い出しました。すべてがこの調子です。

新型コロナの感染が急拡大する中、「大阪は現状で感染急拡大をなんとか抑えられている。今の段階では国に対して要請するつもりはない」と妄言《もうげん》を吐き、それが批判されると「感染拡大の明らかな兆《きざ》しが見えているので先手を打つべき」「大阪として緊急事態宣言の要請をすべきだというのが僕の考え方」とわずか三日前と正反対のことをドヤ顔で言い出しました。

結局、吉村が夢中になっていたのは、愚にもつかない住民投票だったり、他の自治体で発生したリコール詐欺だったり、「嘘のような本当の話」と言いながらイソジンで新型コロナに打ち勝てるという「嘘」を拡散させることでした。

朝日新聞社が世論調査（二〇二〇年一一～一二月調査）で新型コロナに関し「対応を評価する日本の政治家」の名前を聞いたところ、吉村は第一位になっています。この

吉村洋文（一九七五～）
政治家・弁護士。九州大学法学部卒業後、弁護士活動を経て、衆議院議員。その後大阪市長を経て二〇一九年より大阪府知事。現在、大阪維新の会代表を務める。

類《たぐい》の連中が拡大していく中においては、事実は意味を持たなくなります。

不安に支配された人たちは事実を見たくないのです。

彼らが求めているものは、わかりやすい世界観を呈示してくれる指導者《リーダー》です。虚構は虚構であるが故に破綻《はたん》することはありません。

その周辺では、たとえば《吉村洋文知事、胸元にサングラスの私服姿に黄色い声殺到！「カッコ良すぎ」「髪切りましたか」》（「スポーツ報知」二〇二一年一一月八日）といった記事が量産されていきます。

首尾一貫性のある虚構の世界

アレントは続けます。

常識の現実感覚に対する、また常識にとっては世の常として信じられそうに思えることに対する大衆の反逆は、アトム化の結果であって、大衆はアトム化によって社会の中に居場所を失ったばかりか、常識がそれにふさわしく機能し得る枠組をなしていた共同体的な人間関係の全領域をも失ってしまったからである。精神的にも社会的にも完全に故郷を喪失した状況にあっては、恣意的な出来事と計画的な出来事、偶然的な出来事と必然的な出来事——世の流れとはこういうものから成り立っているのだが——の間の相互依存関係に対する均衡のとれた洞察など、もはや何の意味もなさない。全体主義プロパガンダは、常識が意味を失ったところでだけは、いかに常識を面罵しようと咎を受けずに済む。

アトム化とは、原子に分解されるということです。第一章で述べた近代においてバラバラになった根無し草、浮標《ふひょう》のような人々です。彼らは主体性を拒絶し、孤立していきます。こうした人々の不安にプロパガンダはぶつけられます。

全体主義運動は（中略）首尾一貫性の虚構の世界をつくり出す。この虚構の世界は現実そのものよりはるかによく人間的心情の要求に適っていて、ここで初めて根無し草の大衆は人間の想像力の助けによって世界に適応することが可能となり、現実の生活が人間とその期待に与えるあの絶え間ない衝撃を免れるようになる。運動が鉄のカーテンを張りめぐらす権力を握り、現実の中にうちたてたトータルな空想世界の怖るべき静寂を外界からの僅かな物音にも邪魔されないように守れるようになる以前から、全体主義プロパガンダは大衆を空想によって現実の世界から遮断する力をすでに持っている。不幸の打撃に見舞われるごとに嘘を信じ易くなってゆく大衆にとって、現実の世界で理解できる唯一のものは、いわば現実世界の割れ目、すなわち、世間が公然とは論議したがらない問題、あるいは、たとえ歪められた形ではあってもとにかく何らかの急所に触れているために世間が公然と反駁できないでいる噂などである。

ナチスは「ユダヤの陰謀」、維新は「既得権益を持った人間の支配」という噂を利用しました。

デマ集団によるファクトチェック

橋下の出現以降、確信犯的に嘘をつく連中が、事実をデマと決めつけ恫喝《どうかつ》する動きが加速していきます。たとえば「都構想反対派は大阪市がなくなるというデマを流している」というデマを流したりする。二〇一一年に維新が撒いたビラには「だまされないで下さい‼」と、わざわざ強調した上で、「大阪市をバラバラにはしません」「大阪市は潰しません」と書いてありました。

ネットのデマサイトの内容を維新候補者が拡散したり、不都合な事実を指摘されるとスラップ訴訟を繰り返し、しまいには「ファクトチェック」を行なうと言い出しました。

【お知らせ】

我が党では、昨今の深刻化するデマ情報の氾濫を受け、住民の皆様に正しい情報を知っていただけるよう情報の真偽を客観的事実をもとに調査し、事実を発信していく公式ファクトチェッカーを開設しました。

https://twitter.com/oneosaka_factck

見逃せないデマ等御座いましたら情報提供ください。（二〇二一年二月一七日、大阪維新の会のツイート）

吉村は「ネット上のデマが出回る傾向が強い。とくに〝維新憎し〟でいろんなデマが匿名で出回る。それがリツイートされたり、拡散されて、あたかも本当かのように情報が出回ってしまう。これはよくないと思う」「組織として対応していこうという判断」と説明しました。

独立した第三者ではなく特定の政党が「ファクトチェック」を始めるというのも異常ですが、それ以前に維新はファクトチェックの対象です。

ためしに私は「二〇一五年五月一七日の大阪市住民投票直前になると、橋下徹は『都構想の住民投票は一回しかやらない』『賛成多数にならなかった場合には都構想を断念する』と明言したという話は事実ですか、デマですか」といったファクトチェックを一五件ほど依頼しましたが、予想通り返事は来ませんでした。彼らの目的は正当な批判をデマと決めつけ印象操作することと、都合の悪い事実の発信者を黙らせることにあるからです。

維新と菅義偉、竹中平蔵の関係

ご存じの通り、維新のバックには菅義偉《すがよしひで》や竹中平蔵《たけなかへいぞう》がいます。菅本人が語っているとおり、橋下を政界に呼び込む説得をしたのは菅です。あの手の連中の狙いは構造改革利権です。新自由主義的な政策を利用して社会を破壊し、「身を切る改革」と言いながら、庶民の身を切り、その過程で生まれた甘い汁を吸うわけです。

橋下は「基本的には竹中さんの価値感、哲学と僕らの価値感、哲学はまったく一緒」と述べていますが、その「哲学」が、国家、社会、人間を蝕《むしば》んできたのです。

逆に言えば、橋下がモラルの欠片《かけら》もない人間だからこそ、国家や社会の紐帯を破壊したい勢力が目をつけたのでしょう。

橋下は安倍とも密接につながっています。

安倍（とその周辺）は、右翼的なフィクションを利用することでネトウヨなどの情報弱者に配慮しながら、新自由主義路線により、国家機能の解体を進めてきました。その補完勢力である維新も構造改革利権を狙う政商と新自由主義勢力の先兵として動いています。

連中は裏で完全につながっていますが、最近はそれを隠しもしなくなりました。

橋下は二〇二一年一二月三〇日、テレビ番組でこう発言します。

竹中平蔵（一九五一〜）

パソナグループ取締役会長、オリックス社外取締役。一橋大学を卒業後、日本開発銀行などを経て慶應義塾大学教授に就任。小泉内閣においては金融担当大臣を兼任し、「郵政民営化」など構造改革を推進した。

僕が大阪維新の会を立ち上げる前、まだ民主党政権の時、菅さんは野党の一議員だったんですけど、東京から週に一回ぐらい松井さんに会いに来てたんですよ。「時間ない？　コーヒーでも飲もう」って。その時、松井さんは大阪府知事で。

それぐらいの関係なんで、大阪の改革を安倍さんも菅さんも凄く評価してくれてましたから、カジノとかJRとか大阪万博、それからリニア。国の力がなかったら動かないようなことを協力してくれて、JR大阪駅の北側のうめきた、あれも開発が進んでますけど、あれも安倍さんと菅さんの力を借りてお金を引き出したんですよ。

その後、橋下はツイッターで「週に一回ぐらい」を「月一回ぐらい」に修正しましたが、安倍や菅がカネを引き出すのに協力していたことを当事者が明言したわけです。安倍と菅は大阪市解体を巡る住民投票にも深くかかわっています。官邸は維新を応援するため、大阪の自民党に嫌がらせを繰り返しました。

維新には国家という前提がない

私は橋下や安倍をこれまで批判してきましたが、彼らを物理的に隔離したとしても一件落着という話にはなりません。近代の病が、橋下や安倍みたいな形で表出したのであり、それを生み出したのはわれわれの社会であるからです。

ニーチェは、『この人を見よ』で言います。

ただ私は個人を強力な拡大鏡として利用するだけだ。危機状態というものは広く行きわたっていてもこっそりしのび歩くのでなかなかつかまらない。ところが個人という拡大鏡を使うとこれがよく見えて来るのである。

またこれと同じ意味において私はヴァーグナーを攻撃した。もっと正確に言うと、すれっからしの人を豊かな人と取り違え、もうろくした老いぼれを偉人と取り違えているドイツ「文化」の虚偽、その本能――雑種性を私は攻撃した。

風邪をひいている人間を見ることはできても、「風邪自体」は見ることができません。

それと同じで、ニーチェはヴァーグナーという個人を論じることで、時代の病を浮かび上がらせようとしました。根源的な問題は橋下個人、安倍個人の邪悪性より、今の世の中に蔓延る「橋下的なもの」「安倍的なもの」です。だから安倍政権が終わっても、問題が解決したわけではありません。

ネトウヨがよく言いがちな「いつまで安倍さんの批判をしているのか」というのは、「いつまでナチスの責任を追及するのか」と質的には同じです。

いつまでも考え続ければならない問題は存在します。

イタリアのファシズムは国家機能の強化を唱えましたが、現在は国家と利害が衝突するグローバル資本が大きな力を持つようになっています。

だから、ウォール街で「もはや国境や国籍にこだわる時代は過ぎ去りました」などと放言する人物が総理大臣になったり、竹中や菅が背後にいる維新が躍進したりするのです。維新は新自由主義勢力に乗っ取られた自民党の補完勢力、先兵、鉄砲玉、露払い役として動いてきました。

維新の拡大が示すのは、ナショナリズムの衰退です。

大阪では新興住宅地では維新の支持率が高く、昔からある町では支持率が低い。これは社会学者の薬師院仁志《やくしいんひとし》帝塚山学院大学教授から聞いた話ですが、西区のように転出入率が高く、タワーマンションが次々と建っているようなところは、維新の支持率が高いのです。

つまり、地元に対する愛着があるかどうかの問題です。大阪市解体を巡る住民投票で高齢者層の反対が多かった理由は、発想が古いからでも、既得権益を持っているからでもなく、彼らが地元に根付いていたからです。

地に足がつかなくなると、人間は私的な利益しか見ようとしなくなります。まさにアレントの言う「根無し草」です。

だからこそ、維新は徹底的にコミュニティ潰しを行ないました。町会を圧迫したり公共施設を廃止し、市民を分断しました。

維新は黒字になっていないという理由で赤バス（大阪市のコミュニティバス）を潰します。アホにも限度があります。高齢者や障害者の足となるバスの運営を民間企業が行なうのはきついので、赤字を前提に行政がやらなければならないのです。つまり、維新は「公共」という概念を理解していない。いや、このような言い方は正確ではありません。公共を攻撃することが、連中の役割なのです。

維新は医療福祉を切り捨て、公立病院や保健所、医師・看護師などの病院職員、保健所など衛生行政にかかわる職員を大幅に削減してきました。「民営化」と言いながら、一部の政商に利権を流し、「身を切る」と言いながら国民の身を切ってきたわけです。

社会的弱者に対して共感が及ばないのは、同じ国民であるという同胞意識が働かないからです。維新には国家という前提がありません。だから、すべて間違うのです。

維新が伝統文化を敵視する理由

このように見てくれれば、橋下の異常極まりない言動も、すっきり理解できると思います。

その原動力は基本的には日本社会に対する恨みです。

とにかく日本が嫌いなので、伝統文化を敵視します。

「能や狂言が好きな人は変質者」

「（近松門左衛門《ちかまつもんざえもん》原作の『曽根崎心中《そねざきしんじゅう》』を鑑賞して）演出不足だ。昔の脚本をかたくなに守らないといけないのか」

「自称インテリや役所は文楽《ぶんらく》やクラシックだけを最上のものとする。これは価値観の違いだけ。ストリップも芸術ですよ」

橋下は「日本的」という言葉もマイナスの意味で使います。「日本国民と握手できるか分からない」という言葉も残していますが、こうした人物に新自由主義勢力や政商が目を付けたわけです。

橋下には大阪に対する郷土愛もありません。社会的弱者や地域社会のインフラが攻撃される一方で、カジノ勢力にカネを流すための予算は増え続けています。

維新にとってはカジノ誘致により、ギャンブル依存で社会が壊れようが知ったことではないのです。吉村は「パチンコの依存症問題に正面から取り組むべき」などと言っていましたが、維新が進めるカジノ誘致によりギャンブル依存症は確実に増加します。

橋下は大阪について「こんな猥雑《わいざつ》な街、いやらしい街はない。ここにカジノを持ってきてどんどんバクチ打ちを集めたらいい」「小さい頃からギャンブルをしっかり積み重ね、全国民を勝負師にするためにも、カジノ法案を通してください」と発言しています。

また、テレビ番組では外国人政治家の招聘《しょうへい》を提案します。

「国籍関係ないでしょ」

「政治家は、最後は有権者が『選ぶ』か『落とす』か決められるから、もう極端なことを言えば外国籍でもいい」

安倍もそうですが、新自由主義勢力の下請けにとっては国籍もモラルも関係ないのです。

日本的なもの、伝統的なものを破壊することにより、人間はさらに細分化されます。ナショナリズムは人間を個に分断し、国家に再統合する原理ですが、新自由主義においては、その統合原理すら邪魔になるわけです。

こうしてモラルも公共も失われ、すべてがカネで判断されるような世の中になってきました。

維新はなぜ石原慎太郎とつながったのか

維新は皇室の解体を狙っていると思います。

皇室を罵倒し続けてきた石原慎《いしはらしん》太郎《たろう》のような人物と橋下がつながったのも同じ理由です。現在は首相公選制の導入にトーンダウンしていますが、橋下はかつて大統領制の導入を唱えていました。

また、維新は仁徳《にんとく》天皇陵をイルミネーションで飾ると言い出したりもしました。すでに述べたように、近代国家には国民の接合材が必要になります。統合原理です。わが国が採用したのは皇室というフィクションでした。それが邪魔なのです。亀井静香《かめいしずか》は安倍が天皇陛下（現在の上皇）のものまねをして茶化したことを紹介していましたが、安倍政権は一貫して皇室に嫌がらせを続けてきました。改元の際には、二〇一九年一月一日に皇太子を新天皇に即位させる案を検討。元日にはさまざまな儀式があるので、そもそもその日程は不可能です。また、政府が即位の半年から数ヵ月程度前に新元号を発表することを計画した理由は、カレンダーなど印刷物の都合でした。

安倍は橋下と改憲で組む意欲を見せています。

第六章

安倍晋三は財界の下請けだった

言葉の破壊は全体主義の兆候

全体主義は言葉の破壊という形でも表れます。何が真実かわからない状況、嘘やデマが行き渡った状況下でプロパガンダは成果をあげます。

オーウェルが『一九八四年』で描いた究極のディストピアは二一世紀のわが国において現実化していたように見えます。

安倍政権下においては、歴史や現実は党の都合により書き換えられました。安倍の「私は立法府の長」という究極のバカ発言も議事録では「行政府の長」に書き換えられています。矛盾が発生したら、過去を修正するわけです。

『一九八四年』の主人公ウィンストンの仕事は公文書の改竄《かいざん》です。「党」にとって都合が悪い過去の事実を抹消し、新たに歴史を捏造する。そこでは、言葉の破壊活動が継続的に行なわれます。言葉の定義を破壊すれば、人間は思考することができなくなるからです。

たとえば強制収容所を「歓喜キャンプ」と言い換える。平和省は戦争を維持し、豊富省は国民から搾取し、真理省は歴史を改竄し、愛情省は尋問と拷問を行ないます。

戦争は平和なり
自由は隷従なり
無知は力なり

これが「党」のスローガンです。語彙の削減、意味の反転、略語の作成、イメージの置き換え……。

ジョージ・オーウェル（一九〇三〜一九五〇）
イギリスの作家・ジャーナリスト。一九四五年、全体主義社会を風刺した『動物農場』を出版しベストセラーに。言語・思考が管理された全体主義社会を描いた『一九八四年』は、ディストピア小説の金字塔として読みつがれている。

わが国においても、移民は「外国人材」、家族の破壊は「女性の活用」、戦争に巻き込まれることは「積極的平和主義」、秩序破壊のための実験は「国家戦略特区」、不平等条約のTPP（環太平洋パートナーシップ）は「国家百年の計」、南スーダンの戦闘は「衝突」、米軍機の墜落は「不時着」といった言葉で誤魔化されてきました。最近では「敵基地攻撃能力」という言葉を別の言葉に置き替えようという動きが出ています。

ナチスやソ連の独裁体制下においても、戦略的に言葉の言い換えが行なわれました。ゲッベルスは、新聞に言葉の使い方まで指示しています。とくにユダヤ人迫害問題に関しては、国外の世論から隠蔽するために、言葉を慎重に言い換えることを命令しました。また、ナチスがプロパガンダで好んで使用したのは形容詞の最上級だったという指摘があります。「一回限りの(einmalig)」「唯一の(einzig)」「巨大な(gigantisch)」「歴史的な(historisch)」「全面的な(total)」「途轍《とてつ》もない(ungeheuer)」などといった単語の頻出です。ここも「断じて」とか「二万パーセント」といった幼い言葉を多用する安倍や橋下と酷似しています。これは、その言葉を受け取る人間の質を考慮しているからです。

ウィンストンはこう考えます。

ある意味では、党の世界観の押し付けはそれを理解できない人々の場合にもっとも成功していると言えた。どれほど現実をないがしろにしようが、かれらにならそれを受け容れさせることができるのだ。かれらは自分たちがどれほどひどい理不尽なことを要求されているのかを十分に理解せず、また、現実に何が起こっているのかに気づくほど社会の出来事に強い関心を持ってもいないからだ。理解力を欠いていることによって、かれらは正気でいられる。かれらはただひたすらすべてを鵜呑みにするが、鵜呑みにされたものはかれらに害を及ぼさない。なぜなら鵜呑みにされたものは体内に有害なものを何も残さないからで、それは小麦の一粒が消化されないまま小鳥の身体を素通りするのと同じなのだ。

悪党とメディアが結託した結果、わが国では思考するために必要な「言葉」の意味そのものが蒸発してしまいました。

数字を改竄し、過去を捏造する国家

一連の安倍晋三事件では、省庁をまたがる形で公文書改竄、日報隠蔽、データ捏造が行なわれ、周辺メディアにより、連日のように嘘、デマ、プロパガンダが流されました。彼らは説明を拒絶し、徹底的に証拠隠滅を図ろうとしました。

また、安倍政権下においては、白昼堂々と票の買収が行なわれ、元法相が実刑判決を受けています。

安倍が主催した「桜を見る会」には、統一教会の関連政治団体・世界戦略総合研究所の事務局次長、悪徳マルチ商法の「ジャパンライフ」会長、反社会的勢力のメンバー、半グレ組織のトップらが招かれていました。安倍と周辺の一味は税金を使って支援者を接待し、後援会関係者による前夜祭の明細書も隠蔽します。

反社会勢力とのつながりについて追及されると、政府は「反社会的勢力」の定義自体を変えてしまいました。二〇〇七年の「企業が反社会的勢力による被害を防止するための指針」で、反社会的勢力は「暴力、威力と詐欺的手法を駆使して経済的利益を追求する集団または個人」と定義されましたが、政府は「その時々の社会情勢に応じて変化し得るものであり、限定的・統一的な定義は困難だ」とする答弁書を閣議決定します。

私が第一章で、定義が重要だと言ったのはこういうことです。あとから定義が変更されるなら、議論が成り立たないばかりか、「事実」すら消滅します。

国の基幹統計「建設工事受注動態統計」を国土交通省が無断で書き換えて二重計上していた問題では、調査票自体が書き換えられた上、書き換え前の調査票の写しが残っていないので、不正が国内総生産（GDP）にどう影響したか検証することすら不可能になりました。

ウィンストンはこう考えます。

しかし実際のところ――潤沢省の数字を再調整しながらウィンストンは考える――それは偽造ですらない。一片のナンセンスを別のナンセンスと差し替えるだけのこと。処理している素材の過半は、現実世界に存在するものと何の関係もない、

あからさまな嘘にも含まれている類の関係すら持っていない。統計にしたところで、修正された数字が幻想だというなら、元々の数字もまた同様に幻想なのだ。たいていの場合、修正は自らの創意工夫で行なうことが要求されている。例えば、潤沢省の予想では四半期のブーツの生産高は一億四千五百万足という見積もりだった。実際の生産高は六千二百万足であると発表された。しかしウィンストンは予想の数字を書き直すに当たって、五千七百万足に数値を下げた。生産高が予定割当量を上回ったといういつもながらの主張がなされるのを見越してのことだ。いずれにしろ六千二百万としたところで、五千七百万と同様、いや一億四千五百万にも劣らず、真実からほど遠いのである。

「ドイツのワイマール憲法もいつの間にかナチス憲法に変わっていた。誰も気がつかなかった。あの手口に学んだらどうかね」と言っていた麻生太郎《あそうたろう》という男が、公文書改竄について「白を黒にしたような悪質なものではないのではないか」と言っていました。悪質ではない公文書改竄などあるわけがありません。

麻生は漢字を読むことができません。

【踏襲】ふしゅう、【詳細】ようさい、【頻繁】はんざつ、【未曽有】みぞうゆう、【措置】しょち、【怪我】かいが、【完遂】かんつい、【焦眉】しゅうび、【低迷】ていまい、【物見遊山】ものみゆうざん、【前場】まえば、【有無】ゆうむ……。

すでに述べたように国家の基盤となるのは国語です。

言葉を破壊する勢力が政治に関わり、数字を改竄し、過去を捏造してきた結果、日本は「途轍もない」国になってしまいました。

麻生太郎（一九四〇〜）
日本の政治家。学習院大学を卒業後、麻生産業などを経て、一九七九年の衆議院選挙で初当選。第九二代内閣総理大臣。二〇一二年以降は副総理と財務大臣を兼任した。

モンテスキューの警告

全体主義の兆候を示す事例についてもう少し説明します。

それは権力の集中です。

安倍は改憲により一院制の導入を目論《もくろ》んでいます。

二〇一一年二月八日、テレビ番組で「有権者は議会も行政も非生産的だと思っている。衆院と参院を一緒にして一院制にすべきだ」「（そのためには）憲法は改正しないといけないが、そういう大枠について思い切ったことをやっていくということを示す必要がある」と発言。これは安倍が保守の対極にある人物であることを示しています。

保守の本質は反権力です。

すでに述べたように、人間理性を信用していないので、あらゆる権力に制約を課します。人間は判断を間違える存在です。完璧ではありません。だから、慎重にものごとを決める仕組みが必要になります。

議会を二つに分ける理由は下院の判断を「良識」によりチェックするためです。

ある時点における多数派の意見をそのまま通せないようにする。要するに、政治のスピードを緩《ゆる》やかなものにし、熟議、合意形成、利害調整の機会を確保するわけです。「今の参院は衆院のカーボン・コピーになっている」と批判するなら、本来の上院の姿に近づける努力をすべきですが、それを理解できないバカは「問題があるなら潰してしまえ」と言い出したりします。

小池百合子《こいけゆりこ》「日本をリセットするために党を立ちあげる」。

橋下「一からリセットして日本を作り直す」。

安倍「（構造改革で）社会はあたかもリセット・ボタンを押したかのように」「新しい国をつくる」。

こうしたファミコン脳の連中はたいてい一院制の導入を唱えます。

フランスの哲学者シャルル＝ルイ・ド・モンテスキューもイギリスの歴史家ジョン・アクトンもイギリスの政治思想家エドマンド・バークも、一院制が地獄への最短の道であると指摘しました。

モンテスキューは言います。

権力をもつ者はすべて、それを濫用する傾向があることは、永遠の体験である。彼は限界を見いだすところまで進む。だれが知ろう、徳性さえもが限界を必要とするのだ。人が権力を濫用しえないためには、事物の配列によって、権力が権力を阻止するのでなければならぬ。(『法の精神』、以下同)

権力は必ず暴走します。

だから、それを制御するシステムが必要になります。

それが議会主義であり、二院制であり、三権分立です。

「三権分立は民主主義の条件」「民主主義の対立概念は独裁」などと言う人がいますが大間違いです。三権分立は民衆主義の危険性を緩和するものです。

モンテスキューは民主政を「もっとも傲慢《ごうまん》な暴君」による支配と斬り捨てました。

人民に権力が集中すれば、習俗、秩序、自由が破壊されることを見抜いたからです。

そこで失われつつある君主や貴族の権利を温存し、急激な民主化を阻止するために権力の分散を説いたのです。

一方、左翼は権力を集中させます。人間理性を信用しているので、強大な権力により、社会を改革しようとするからです。「正しい歴史」という発想の下で、近代の理想を実現させるためには強大な中央権力が必要になります。その理屈を利用し、ロベスピエール、スターリン、毛沢東《もうたくとう》、ポル・ポトといった全体主義勢力は権力を一元化してきました。

シャルル＝ルイ・ド・モンテスキュー（一六八九〜一七五五）
フランスの啓蒙思想家・法学者。『法の精神』で権力の分散を説き、アメリカ憲法などに多大な影響を与えた。

絶対的権力は徹底的に腐敗する

モンテスキューは警告を発しました。

民主政の原理は、人々が平等の精神を失うときのみならず、極度の平等の精神をもち、各人が自分を支配するために選んだ者と平等たろうと欲するときにも腐敗する。そうなると人民は、自分が委任した権力すら我慢できず、元老院に代わって執行し、全裁判官を罷免し、なにもかも自分でやろうとする。

これが最悪の形で現実化したのがフランス革命でした。そこでは、あらゆる権力が人民の名の下に一元化されました。権力を集中させてはならないというのが、われわれが歴史から学んだことです。

先述したように安倍は「私は立法府の長」と国会で四回も発言しましたが、完全に頭がイカれているか、すでに立法府を掌握したと思っているかのどちらかでしょう。

安倍は司法府も押さえ込もうとしていました。

念のため説明しておきますが、立法府の長は形式的には衆院と参院の議長であり、総理大臣は行政府の長です。

アクトンは「権力は腐敗する、絶対的権力は徹底的に腐敗する」と言い、フランス革命を批判しました。権力の集中は全体主義に行き着きます。

保守思想は、権力をいかに縛るかという思考の下に深化してきましたが、こうした「常識」が通用しなくなったのが現在です。今の日本では権力におもねるのが「保守」という倒錯が発生しています。

二〇一五年の安保法制騒動の際、自称保守が「立憲主義などと言い出すのは左翼だ」「左翼の憲法学者が言っているだけ」「法匪《ほうひ》だ」などと騒いでいましたが、もちろん立憲主義は保守思想の根幹です。

一九九四年の政治制度改革

この三〇年にわたり、近代に対する防波堤が次々と破壊されてきました。

裁判員制度、首相公選制や一院制導入の議論、住民投票の拡大はその一環です。

とくに一九九四年の政治制度改革により近代の病は急拡大します。

小選挙区比例代表並立制では基本的に上位二政党の闘いになります。死票が増え、小さな政党には不利に働きます。政治家個人の資質より党のイメージ戦略が重要になるので、ポピュリズムが急激に政界を汚染するようになりました。また、政治資金規制法改正により、党中央にカネと権限が集まるようになります。

かつては党内で利害調整や合意形成といった根回しをしっかりやっておかなければ党が回りませんでした。派閥が機能していたのは中選挙区だからです。一つの選挙区で自民党の議員同士が闘うのだから、党内にも緊張関係がありました。当然、同じ選挙区の議員とは同じ派閥には入りません。だから政策論争もありました。

しかし、党中央の権限が強くなった結果、ひたすら党に媚《こ》びへつらう思考停止した議員ばかりになります。下手に歯向かえば、次の選挙で公認をもらえないどころか、刺客を送られます。

これを露骨にやったのが小泉《こいずみ》政権でした。小泉純一郎《じゅんいちろう》は、党内で辛うじて生き延びていた少数の保守勢力の公認を拒み、「刺客」を選挙区に送り込みます。

また、郵政民営化を押し通すために、広告会社を使い、大衆を誘導する戦略を取りました。こうして政治に組み込むべきではないプロパガンダとマーケティングの手法が横行するようになり、政治は急速に劣化します。

小泉は郵政民営化関連法案が参議院で否決されると、「郵政民営化に賛成してくれるのか、反対するのか、これをはっきりと国民の皆様に問いたい」と言い、衆議院を解散しました。議会の判断を無視し、世論に判断を委ねたわけです。

期間を区切られた独裁

こうした動きは自民党の中から出てきたものです。

小沢一郎《おざわいちろう》が自民党に在籍していた一九九三年に『日本改造計画』を出版していますが、これは小沢の考えをベースに、複数の学者が協力して書いたものです。そこでは、新自由主義的な経済改革、貿易自由化の推進、首相官邸機能の強化、軍事も含めた積極的な国際貢献、政権交代のある二大政党制を可能とする政治改革（小選挙区制の導入）などが提唱されています。要するに、熟議や合意形成を重視した保守政治をぶち壊し、権力を集中させ、一気に世の中を変えてしまおうという発想です。

そのために仕組まれたのが先述した政治制度改革です。

こうして、大衆の気分を探り、それにおもねることで権力を握ろうとする連中が政界を汚染するようになりました。連中は大衆の心の一番汚いところに訴えかけます。「悪」を設定し、それを駆逐すべしと世情に訴えかけ、大衆のルサンチマンを回収するやり方です。

小沢一郎は「守旧派」、小泉は「抵抗勢力」、民主党は官僚を悪玉にしました。橋下劇場も小池劇場も手法は同じ。どこかに悪い奴がいて、正義の味方である自分たちがそれを倒すという紙芝居です。自分たちの足場を破壊していることに気づかない大衆は、こうした公開リンチに喝采を送ります。

また、選挙を経て政権を得た以上、権力を集中させてトップダウンでやるべきだという発想が蔓延るようになりました。政治にはスピードが必要であり、文句があるなら次の選挙で落とせばいいというわけです。

小沢は『日本改造計画』で、「必要な権力を民主主義的に集中し、その権力を巡っての競争を活性化する」「はっきりしない権力がだらだらと永続するのではなく、形のはっきりした権力が一定期間責任を持って政治を行う」と述べています。

菅直人《かんなおと》も著書『大臣』で独裁を肯定しています。

しかし、私は誤解を恐れずにあえて言えば、民主主義というのは「交代可能な独裁」だと考えている。選挙によって、ある人物なりある党に委ねた以上、原則としてその任期いっぱいは、その人物なり党の判断にまかせるべきである。

橋下は「今の日本の政治で一番重要なのは独裁」「僕が直接選挙で選ばれているの

で最後は僕が民意だ」「選挙では国民に大きな方向性を示して訴える。ある種の白紙委任だ」と発言しています。

自民党が「連続二期六年」だった党則を三期九年に捻《ね》じ曲《ま》げ、安倍の続投を決めた際には、延長どころか任期を区切らず多選制限を撤廃する無制限論まで飛び出しました。こうして「法案についての説明は全く正しいと思いますよ。私は総理大臣なんですから」「私は総理大臣ですから、森羅万象すべて担当しておりますので」と言い出す男が野に放たれたのです。

新自由主義勢力の先兵

言葉の破壊と政治の混乱の上に成立したのが安倍政権です。

言葉の意味が蒸発した世界では批判が成立せず、逆に批判が相手を有利にするという現象が発生します。

たとえば、一部左翼は「安倍は危険な国家主義者で、ヒトラーのような排外主義者で、極右で、保守反動だ」と言います。現実を正面から受け止めることができないので、ステレオタイプ、紋切型、既成のテンプレートに嵌《は》め込み、思考停止するわけです。

批判は的を射ていなければ意味がありません。それどころか頓珍漢《とんちんかん》な批判は問題の本質を覆い隠し、病を拡大させます。安倍は国家主義者どころか、新自由主義勢力の先兵として一貫して国家の解体を続けてきました。排外主義者どころか、世界各国が移民問題で疲弊する中、財界の要望通りに国民を騙しながら移民を大量に国内に入れています。

たしかに周辺や支持母体に右翼やカルトがいますので、定期的にリップサービスは行ないますが、安倍の発言を見る限り、過去を美化するための前提となる歴史観すら存在しません。

安倍と周辺の一味がやってきたのは、権力の集中により政治を私物化し、アメリカおよび財界の奴隷になることです。

二〇一三年九月二五日、安倍はウォール街で「もはや国境や国籍にこだわる時代は過ぎ去りました」「今日は、皆さんに、『日本がもう一度儲かる国になる』（中略）ということをお話しするためにやってきました」「ウォール街の皆様は、常に世界の半歩先を行く。ですから、今がチャンスです」と発言します。

翌年一月の世界経済フォーラム年次会議（ダボス会議）では、徹底的に日本の権益を破壊すると宣言。電力市場の完全自由化、医療の産業化、コメの減反の廃止、法人税率の引き下げ、雇用市場の改革、外国人労働者の受け入れ、会社法の改正などを並べ立て、「そのとき社会はあたかもリセット・ボタンを押したようになって、日本の景色は一変するでしょう」と言い放ちました。

TPP協定締結に前のめりになり、保護貿易に反対。戦勝国が構築した「戦後レジーム」からの脱却を唱えながら、ひたすら対米隷属の「戦後レジーム」を固定化してきました。

こんな「国家主義者」がいるわけがないでしょう。

「竹中（平蔵）先生は愛国者」という言葉が示すように、安倍の行動はすがすがしいほど一貫しています。

新経済連盟の新年会では「先ほど、三木谷《みきたに》（浩史《ひろし》）さんからご紹介をいただきましたが、新経済連のご要望はほとんど、我々がやらさせていただいているのではないかなと、こんなように思います」「私たちも感謝申し上げますが、皆さんにもちょっと感謝していただきたいと思います」「農業・雇用・医療・エネルギーといった分野での岩盤規制改革をさらに強力に進めるための法案を提出いたします。改革が後退したり、骨抜きになったりすることは、決してありません」と発言。

これくらい例を挙げれば十分でしょう。安倍が奉仕しているのは財界とウォール街です。

人治国家への転落

二〇一五年の安保法制の問題についてはこれまで何度も書いてきたので、最小限にしますが、ここには「ニッポンを蝕む全体主義」を考える上で大きなヒントが含まれています。

それは時の政権がルールを都合よく変えたことです。法の恣意的な運用です。

この問題の根本は、集団的自衛権を現行憲法の枠内で通せるか否かです。集団的自衛権とは、「ある国家が武力攻撃を受けた場合に直接に攻撃を受けていない第三国が協力して共同で防衛を行なう権利」です。普通に憲法を読めば通せないことは自明です。ほとんどの憲法学者も歴代法制局長官も「違憲」と明言しています。

仮に憲法との整合性の問題がクリアできたとしても、集団的自衛権の行使がわが国の国益につながるかどうかはまた別の問題です。国益につながるなら、議論を継続し、正当な手続きを経た上で、法案を通せばいいだけの話。

ところが安倍は、仲間を集めてつくった有識者懇談会でお膳立てしてもらってから閣議決定し、「憲法解釈の基本的論理は全く変わっていない」「アメリカの戦争に巻き込まれることは絶対にない」「自衛隊のリスクが下がる」などとデマを流し、法制局長官の首をすげ替え、アメリカに行って勝手に約束し、最後に国会に諮《はか》り、強行採決しました。

つまり、国を運営する手続きを破壊したのです。

しまいには首相補佐官（当時）の礒崎陽輔《いそざきようすけ》が、「法的安定性は関係ない」と言い出しました。この時点でわが国は人治国家へ転落していたのです。

さらに安倍は「日本の存立が脅《おびや》かされ、国民の生命や権利が根底から覆される明白な危険」が「ない」と判断できない場合に、集団的自衛権の行使に踏み切る可能性に言及します。それ以前の、明白な危険が「ある」場合、つまり「存立危機事態」に武力行使できるという話をひっくり返したのです。「ない」ことなど証明できないので、やりたい放題やるということです。

強引に安保法制を通した理由は、アメリカに媚《こび》を売るためです。

二〇二一年一一月二九日、安倍は維新の鈴木宗男《すずきむねお》のパーティで次のように発言しました。

トランプ大統領は北朝鮮から日本が攻撃を受けたら戦うが、日本はアメリカが攻撃を受けても黙って見ているだけなのは不公平。もっとお金を出さないと。こんな調子なんで、いつも反論する。「だから平和安全法制を作って、日米を助け合える

――同盟に変えた。そのために私は一〇パーセントも支持率を落とした」と言ったら、トランプ大統領からは「グレート！　サムライだ」と言われた。

恥知らずのひとことです。

属国化をおねだりした日本

二〇一五年、沖縄県の基地移設問題を巡り翁長雄志《おながたけし》知事と会談した菅義偉は、沖縄の苦難の歴史を語った翁長に対し、「私は戦後生まれなので、歴史を持ち出されたら困る」と言い放ちました。その理屈が通るなら、国会議員の大多数は戦後生まれなので、歴史を無視していいという話になります。

要するに菅は「日本の歴史など知ったことではない」と言っているのです。

この類の連中が政治の世界に食い込み、沖縄の同胞を切り捨て、保守を自称するデタラメな連中がそれに喝采を送ってきました。しまいには連中は、米軍の駐留を批判する人々を「反日」と言い出します。言葉の混乱もここまでくると悪夢です。日本は精神的に焦土と化しました。

元駐日米大使のウォルター・フレデリック・モンデールは、一九九五年の米軍普天《ふてん》間《ま》飛行場の返還交渉で、日本側が米海兵隊の駐留継続を望んでいたと暴露しています。日本は独立を放棄し、属国化をおねだりしたのです。

二〇一七年一一月五日、ドナルド・トランプは大統領専用機「エアフォース・ワン」で横田《よこた》基地に降り立ち、米兵のUSAコールを浴びます。そこには三〇〇人ほどの航空自衛隊員が招かれましたが、空自幹部までが若い米兵によるセキュリティチェ

菅義偉（一九四八〜）
日本の政治家。第九九代内閣総理大臣。政策理念である「自助・共助・公助」は、自助に偏重するあまり政府が弱者救済を放棄するのではと批判された。歴史的な低支持率を記録し、二〇二一年九月の自民党総裁選直前に辞任を発表。

ックを受けたそうです。

要するに、日本は主権国家としての扱いを受けていないのです。

トランプは横田基地から大統領専用ヘリで霞《かすみ》ヶ関《せき》カンツリー倶楽部（埼玉県川越《かわごえ》市）に移動。接待ゴルフに出かけていった安倍晋三は複数回ボールをバンカーに入れ、しまいにはバンカーから出ようとして、すっ転び一回転しました。

二〇一六年、安倍は日本側の巨額投資を中心とする「共同経済活動」案をロシアに提示。最初から主権問題を棚上げし、ロシア側を驚かせます。

二〇一八年には平和条約締結交渉を進めることで合意しましたが、その後もロシアは北方領土の軍事拠点化を進めています。同年一一月、ウラジーミル・プーチンは「日本にどのくらい主権があるのかわからない」と発言。わかりやすく言えば「お前らはアメリカの属国だろ」ということです。プーチンは安倍を「金づる」「ぱしり」くらいにしか思っていません。過去二七回も会談しておきながら、上納金と一緒に北方領土をむしり取られただけ。二〇一九年九月六日、プーチンは「（北方領土は）スターリンがすべてを手に入れた。議論は終わりだ」と切り捨てます。

二〇二二年三月九日、プーチンは北方領土に免税特区を創設するための法案に署名し、同法は成立。これは進出する内外企業に対し、二〇年間にわたって税優遇措置を適用するものです。

安倍は「自分の任期内に領土問題の決着をつける」「新しいアプローチ」「未来像を描く作業の道筋が見えてきた」などと繰り返し、結局、上納金と一緒に国土をプーチンに献上してしまいました。バカに総理をやらせるとこういうことになります。

ウラジーミル・プーチン（一九五二〜）
ロシア大統領。レニングラード国立大学で法律を学んだあと、KGBなどを経て政治家に転身した。二〇〇〇年の大統領就任以降、強権的な政治で国を牽引。二〇二二年二月にはウクライナに侵攻し、西側諸国との対決姿勢を鮮明にしている。

安倍が改憲にこだわる理由

基本的にわが国はアメリカの要望通りになってきました。

そこで女衒《ぜげん》の役割を果たしたのが安倍です。

外国勢力が放送を乗っ取るようにお膳立てしたのも安倍でした。放送法四条の撤廃を目指した放送制度改革で、安倍は、外資が放送局の株式を二〇パーセント以上保有することを制限する規定の撤廃を目論んでいました。水道事業を売り飛ばそうとしたのもそうです。

安倍の国家に対するふざけた態度は、加憲を言い出したことを見れば明らかです。

安倍は、憲法第九条第一項（戦争の放棄）、第二項（戦力の不保持、交戦権の否認）を残しながら、第三項を新たに設け、自衛隊の存在を明記すると言い出しました。

第一項、第二項と、追加する第三項の整合性すらありません。要するに、自国の軍隊の法的な立場を明確にするという改憲派が積み上げてきた議論を全部ぶち壊したということです。

このような人間に、憲法をいじらせたら、完全に国が滅びます。

安倍が改憲にこだわる理由は二つあります。ひとつはバカの一つ覚えのように「改憲」と繰り返すことにより、これまで知的弱者やカルトの支持を集めることができたという成功体験。もうひとつはアメリカに媚を売るために、自衛隊を米軍に差しだそうという奴隷根性です。

デマゴーグの目的

わが国から保守が駆逐《くちく》された結果、国家の根幹に攻撃を仕掛ける新自由主義勢力のやりたい放題になってしまいました。そしてついには短いセンテンスの文章すら意味が蒸発するようになります。

安倍の発言は支離滅裂《しりめつれつ》です。

「（北朝鮮との）対話による問題解決の試みは無に帰した」「北朝鮮との対話は意味がない」と述べておきながら、「私は北朝鮮との対話を否定したことは一度もありません」。

「私の世代が何をなし得るかと考えれば、自衛隊を合憲化することが使命ではないかと思う」と述べておきながら、「(自衛隊を)合憲化するということを私は申し上げたことはありません」。

「国際公約でもある財政健全化に向け、中期財政計画を早期に策定するなど、経済成長と財政健全化の両立を目指してまいります」と述べておきながら、「(財政再建問題を)私が国際公約と申し上げたことは一度もない」。

TPP交渉に関する国民との約束を破りながら、「自民党がTPP交渉参加に先立って掲げた国民との約束は、しっかり守ることができた」。

デマゴーグの目的は、社会を混乱させることにあります。

支離滅裂さは、彼らの武器でもあります。

安倍はすぐにばれる嘘もつきます。

「フクシマについて、お案じの向きには、私から保証をいたします。状況は、統御《とうぎょ》されています」

「採択されている多くの教科書で、自衛隊が違憲であるという記述がある」

「今回の法整備（安保法制）に当たって、憲法解釈の基本的論理は全く変わっていない。この基本的論理は、砂川事件に関する最高裁判決の考え方と軌を一にするものだ」

「（沖縄沖で米軍嘉手納《かでな》基地所属のF15戦闘機が墜落したことに関し）飛行中止を申し出た」

「『北方領土問題を解決した上で平和条約を締結するのが日本の原則だ』と（ロシアに）直接反論した」

「（名護《なご》市辺野古《へのこ》の土砂投入について）あそこ（埋め立て区域2―1）のサンゴは移している」「（絶滅危惧種を）砂をさらって別の浜に移した」

「（妻の昭恵が名誉校長を務めている学校は）あまたの数ある」

驚くべきことにすべてが真っ赤な嘘でした。

そして最後には、言葉の意味そのものが破壊されます。

「決裁文書書き換えは、自身と妻がこの問題に関与していれば首相も国会議員も辞めるとの首相発言がきっかけでは」と質問された安倍は、「私の発言がきっかけとの仮説が事実なら、全ての削除された箇所に妻の記述がなければならない」と答弁します。

意味不明なので、批判することも反論することもできません。まさにオーウェルが描いた思考が不可能になる世界です。

テレビ番組に出演した安倍は、加計《かけ》学園理事長の加計孝太郎《こうたろう》とゴルフや会食を重ねていたことについて、キャスターの星浩《ほしひろし》から「学生時代の友達でも、金融庁幹部とメガバンクの頭取はゴルフをしてはいけない（だろう）」と追及されると、「星さん、ゴルフに偏見を持っておられると思う。いまオリンピックの種目になっている。ゴルフが駄目で、テニスはいいのか、将棋はいいのか」と言い出しました。

安倍は証人喚問が何をする場なのかすら理解していませんでした。国会では「証人喚問は刑事罰に問われるような人間が呼ばれる場」と発言。森友・加計問題の追及から逃れるため、野党による臨時国会の召集要求を九〇日以上も放置し、臨時国会を開いた途端に解散しましたが、「民主主義の根幹である選挙が北朝鮮の脅しで左右されることがあってはならない。そこであえてここで選挙を行なう必要がある」と言い出しました。直前まで「約束していた消費税の使い道を見直すため信を問う」選挙と言っていたのにもかかわらず。

政府は「桜を見る会」の招待者名簿を共産党議員から資料要求を受けた日にシュレ

ッダーにかけ、電子データもこの前後に削除したと説明。データを復元できるか第三者の専門業者に調査を依頼する可能性についても否定しました。局名を隠す加工が行なわれたのは、「推薦者名簿は廃棄済み」という国会答弁との整合性を図るためでした。

こうして、わが国においては事実と嘘の境界が消滅したわけです。

ニッポンを蝕む全体主義

戦後日本の精神的混乱は、ムッソリーニでもヒトラーでもスターリンでもなく、チープなナショナリズムを利用しながら権力を私物化し、グローバリズムを推進する究極の売国奴《ばいこくど》を生み出しただけでした。本書で述べてきたように、これは日本固有の歴史、日本人の「体質」に起因します。

プロパガンダの目標は、受け手がその立場を自分で選んだかのように「自発的に」受け入れるようにすることです。強大な権力が無理やり情報を押し付けても無駄です。連中は、心理学や動物学などの技術を駆使し、自発的に隷属への道を選択するように情報を操作します。

広告会社によるマーケティングとプロパガンダで政治が動いているという話はすでにしました。その背景には議論によって相手を説得し、合意形成を目指すよりも、社会に一定の割合で存在するバカを動員したほうが手っ取り早いと考えるニヒリズムが存在します。

現実問題として、わが国には安倍や橋下を支持してしまう人間が存在します。人間は弱い存在です。あらゆるセーフティネットが破壊され、さらにインターネットなどの技術発展が「個」の分断に拍車を掛けました。

ネットでは自分の世界観を補強してくれる情報をピンポイントで集めることができます。こうして知的に武装することで、万能感、自己肯定感が高まっていく。過剰な情報により、世界がますます狭くなるのです。こうしてバカはより凝縮されたバカになります。

トクヴィルの言葉をもう一度引用しておきます。

専制がこの世界に生まれることがあるとすれば、それはどのような特徴の下に生じるかを想像してみよう。私の目に浮かぶのは、数え切れないほど多くの似通って平等な人々が矮小で俗っぽい快楽を胸いっぱいに想い描き、これを得ようと休みなく動きまわる光景である。誰もが自分にひきこもり、他のすべての人々の運命にほとんど関わりをもたない。彼にとっては子供たちと特別の友人だけが人類のすべてである。残りの同胞市民はというと、彼はたしかにその側にいるが、彼らを見ることはない。人々と接触しても、その存在を感じない。自分自身の中だけ、自分のためにのみ存在し、家族はまだあるとしても、祖国はもはやないといってよい。

祖国はもうありません。

そして人間性の抹殺だけが日々進行中です。

おわりに――国家という意識の衰退

日本はどうしてこんなことになってしまったのか？

その原因について述べたのがこの本です。

新型コロナが発生したとき、「行動制限は全体主義だ」などと言い出した連中がいました。国家は国民の自由を制限する一方で国民の生命を守らなければなりません。

国家の役割を重視しない新自由主義者の類が、経済優先と言いながら、コロナの危険性を軽視する言動を始めたのは予想通りでしたが、「保守」を名乗っていた連中までが急速におかしくなっていきました。国民一丸となって戦うどころか、デマを流し、国民の分断を図り始めたのです。

ナショナリズムは前近代の共同体から「個」を引きはがし、国語や神話により再統合しましたが、現在はその統合原理すら攻撃の対象になっています。

結果、国家は衰退し、道徳は破壊され、不安に支配された人々のメンタリティは、安倍や橋下のような怪物を生み出しました。

「はじめに」でも述べたように、全体主義は決まった形で表れるわけではありません。それぞれの国の歴史、社会構造によって症状はさまざまです。そして近代に埋め込まれている以上、風邪と同じで治療方法はありません。

われわれにできるのは対症療法だけです。それは精神の健康の維持と、諦めずに徹底抗戦することです。

適菜 収

解説

評論家
中野剛志《なかのたけし》

著者の適菜収氏は、これまでも、ニーチェやゲーテ、あるいは三島由紀夫《みしまゆきお》や小林秀雄《こばやしひでお》などの思想をベースにしつつ、現代日本の全体主義化に対して、繰り返し警鐘《けいしょう》を鳴らしてきた。

今日の日本が全体主義化しているというのが大げさに聞こえるのだとしたら、それは、全体主義というものに対する理解不足のせいである。本書の第五章や第六章を読めば、日本がすでに十分に全体主義化していると認めざるを得ないはずだ。

この恐るべき全体主義化を防ごうとしたら、そもそも全体主義というものを、その本質から理解しておく必要がある。

まず、押さえておかなければならないのは、全体主義とは、近代の産物だということとである。

近代は、前近代的な制度や共同体の束縛から解放された「個人」という存在を生み出した。身分や職業を固定されていた前近代社会とは異なり、近代の「個人」は、自らが進むべき道を決定する自由を得るようになった。

自由を得たということは、一見すると、幸福なことのように見える。だが、自ら考え、自らの進むべき道を選択するというのは、実のところ、個人に重い負担を課す。一部の人間は、その自由が伴う負担を喜んで引き受けようとする。しかし、多くの人間にとっては、この負担は苦痛でしかない。そこで、自ら考えて選択する重荷から逃れようとして、大勢に同調したり、政治的指導者に判断を委ねたりするようになる。そういう人々のことを「大衆」と言う。オークショットの表現を借りれば、「できそこないの個人」が群れて「大衆」となるのである。

近代化や自由化を進めれば、全体主義は防げるのではない。その反対に、近代化や自由化が進んだ結果として、「大衆」が発生し、全体主義が生まれるのである。この点が、全体主義の本質を理解する上で、非常に重要である。オークショット、アレント、オルテガ、フロムなど、全体主義の病理を診断した西洋の思想家たちは、いずれも、この結論に達している。それは、本書がその前半で明らかにしているとおりである。

「大衆」とは、自ら判断せずに世論に流され、多数派の価値観に同調して少数派にマウントをとり、そして、政治の強いリーダーシップを求めるような人々のことである。そういう人々が日本中に満ち満ちていることは、言うまでもあるまい。その「大衆」から全体主義が発生するものであり、そして、実際に発生している。恐ろしいことに、現代の日本（とくに大阪）は、全体主義を恐れた西洋の思想家たちが警告したとおりの状況になっているのである。

ただし、適菜氏が注意を促すように、全体主義は、国や時代によって、「症状」が多少異なっている。「ニッポンを蝕む全体主義」は、その近代史に起因して、西洋とは異なった姿で現れた。そのことを論じるのに、適菜氏は、夏目漱石を手掛かりにしている。

全体主義は近代化がもたらした現象であるが、漱石が言ったように、日本は、内発的に近代化したのではなく、西洋から受け入れるというかたちで外発的に近代化した。その結果、日本の近代化は、西洋のそれよりも表層的なものとなった。

内発的に近代化した西洋では、近代化に対する反省や批判も内発的に現れた。そうした反省や批判は、「保守主義」となって近代化の行き過ぎを予防してきた。

ところが、西洋を真似て、突貫工事で近代化しただけの日本では、近代化に抵抗する保守主義もまた、中途半端にしか現れなかった。それればかりか、外発的に近代化したに過ぎないことも認められずに、いかにも内発的に近代化したかのような自己欺瞞にすら陥った。漱石が診断したこの日本独特の病理は、今日、「保守」を名乗る人々が「日本スゴイ論」に浸《ひた》るという倒錯となって現れている。その意味では、「ニッポンを蝕む全体主義」の病理は、西洋のそれよりも厄介である。

全体主義が近代の産物だというのは分かった。では、どうすればいいというのか。前近代に戻れとでもいうのか。「ニッポンを蝕む全体主義」などという診断はもういいから、処方箋を出せ。処方箋がなければ意味がないではないか。

本書を読んで、そう言いたくなったとしたら、失礼ながら、その読者は、自分もまた「大衆」の一人かもしれないと疑った方がよい。自ら困難に立ち向かうという負担から逃れて、安易に解決策が与えられるのを望むというメンタリティは、「大衆」のそれにほかならないからだ。

全体主義が「大衆」の病理であるならば、その処方箋とは「大衆」ではないものになることに決まっている。大勢に従属する「できそこないの個人」ではなく、オルテガの言う「自分に多くを求め、進んで困難と義務を負わんとする」個人になることである。そのような個人の姿勢のことを、漱石は「自己本位」と表現した。

漱石は、明治日本の上滑りの近代化に悩みぬいた結果、「ようやく自分の鶴嘴《つるはし》をがちりと鉱脈に掘り当てたような気がした」と言う。その鉱脈こそが「自己本位」の思想にほかならない。それは、「自分に多くを求め、進んで困難と義務を負わんとする」個人として立つということだ。

だが、「自己本位」とは、「党派心がなくって理非がある主義」であり「朋党を結び団隊を作って、権力や金力のために盲動しないという事」なので、「人に知られない淋しさも潜んでいる」。この「淋しさ」という表現を漱石が繰り返しているのが、印象的である。

「個人主義は人を目標として向背を決する前に、まず理非を明らめて、去就を定めるのだから、ある場合にはたった一人ぼっちになって、淋しい心持がするのです。それはそのはずです。槇雑木《まきざつぽう》でも束になっていれば心丈夫ですから」（『私の個人主義』）。

ファシズムの語源であるファッショ（fascio）とは「束」を意味する。「槇雑木でも束になっていれば心丈夫」という大衆のメンタリティから、全体主義が発生するのだ。しかし、その全体主義に抗して「自己本位」を貫くのは、淋しい心持がするというのである。

本書の読者は、適菜氏の「ニッポンを蝕む全体主義」に対する容赦のない批判のうちに、「人に知られない淋しさも潜んでいる」ことに気が付くことだろう。

■参考文献

『大衆の反逆』オルテガ・イ・ガセット／神吉敬三訳（ちくま学芸文庫）
『増補版 政治における合理主義』マイケル・オークショット／嶋津格他訳（勁草書房）
『全体主義の起原』（全三冊）ハンナ・アーレント／大久保和郎・大島かおり訳（みすず書房）
『新しい国へ 美しい国へ 完全版』安倍晋三（文春新書）
『自由からの逃走』エーリッヒ・フロム／日高六郎訳（東京創元社）
『ニーチェ全集』フリードリッヒ・ニーチェ／戸塚七郎他訳（ちくま学芸文庫）
『定本 想像の共同体――ナショナリズムの起源と流行』ベネディクト・アンダーソン／白石隆、白石さや訳（書籍工房早山）
『民族とナショナリズム』アーネスト・ゲルナー／加藤節監訳（岩波書店）
『私の個人主義』夏目漱石（講談社学術文庫）
『ナショナリズムとは何か』アントニー・D・スミス／庄司信訳（ちくま学芸文庫）
『一九八四年［新訳版］』ジョージ・オーウェル（ハヤカワepi文庫）
『アメリカのデモクラシー』（全四冊）トクヴィル／松本礼二訳（岩波文庫）

『全体主義』エンツォ・トラヴェルソ／柱本元彦訳（平凡社新書）
『市場・知識・自由　自由主義の経済思想』F・A・ハイエク／田中眞晴・田中秀夫編訳（ミネルヴァ書房）
『社会分業論』エミール　デュルケーム／田原音和訳（ちくま学芸文庫）
『世界史』（上・下巻）ウィリアム・H・マクニール／増田義郎・佐々木昭夫訳（中公文庫）
『世界の名著28「法の精神」』モンテスキュー／井上堯裕訳（中央公論社）
『フランス革命についての省察ほか』バーク／水田洋・水田珠枝訳（中公クラシックス）

※初出「適菜収のメールマガジン」2021年7月5日〜2022年4月18日を大幅に加筆・訂正

切りとり線

★読者のみなさまにお願い

この本をお読みになって、どんな感想をお持ちでしょうか。祥伝社のホームページから書評をお送りいただけたら、ありがたく存じます。今後の企画の参考にさせていただきます。また、次ページの原稿用紙を切り取り、左記まで郵送していただいても結構です。

お寄せいただいた書評は、ご了解のうえ新聞・雑誌などを通じて紹介させていただくこともあります。採用の場合は、特製図書カードを差しあげます。

なお、ご記入いただいたお名前、ご住所、ご連絡先等は、書評紹介の事前了解、謝礼のお届け以外の目的で利用することはありません。また、それらの情報を6カ月を越えて保管することもありません。

〒101-8701（お手紙は郵便番号だけで届きます）
祥伝社　新書編集部
電話03（3265）2310
祥伝社ブックレビュー　www.shodensha.co.jp/bookreview

★本書の購買動機（媒体名、あるいは○をつけてください）

＿＿＿＿新聞の広告を見て	＿＿＿＿誌の広告を見て	＿＿＿＿の書評を見て	＿＿＿＿の Web を見て	書店で見かけて	知人のすすめで

★１００字書評……ニッポンを蝕《むしば》む全体主義

名前

住所

年齢

職業

適菜 収　てきな・おさむ

1975年、山梨県生まれ。作家。ニーチェの代表作「アンチクリスト」を現代語訳した『キリスト教は邪教です！』『小林秀雄の警告 近代はなぜ暴走したのか？』『日本をダメにしたＢ層の研究』（ともに講談社）など著書40冊以上。近著に『ナショナリズムを理解できないバカ 日本は自立を放棄した』（小学館）、『思想の免疫力 賢者はいかにして危機を乗り越えたか』（中野剛志氏との共著、KKベストセラーズ）、『コロナと無責任な人たち』『100冊の自己啓発書より「徒然草」を読め！』（ともに祥伝社）など。

ニッポンを蝕《むしば》む全体主義

適菜《てきな》 収《おさむ》

2022年５月10日　初版第１刷発行

発行者……………辻 浩明
発行所……………祥伝社しょうでんしゃ
〒101-8701　東京都千代田区神田神保町3-3
電話　03(3265)2081(販売部)
電話　03(3265)2310(編集部)
電話　03(3265)3622(業務部)
ホームページ　www.shodensha.co.jp
装丁者……………盛川和洋
印刷所……………萩原印刷
製本所……………ナショナル製本

Printed in Japan　ISBN978-4-396-11656-9　C0295